生きる目的

幸せプログラムを呼び覚ます6つの授業

河上英夫
Hideo Kawakami

幻冬舎
MC

はじめに

一　なぜ私が「生きる目的」を書くようになったか

最近は「いじめによる被害者が自殺する」という悲劇が繰り返されている。まさに見るにしのびない状況が続いているのだが、なぜ、彼らは自殺を選んでしまうのか、なぜ、生きようとしないのか、いつしか深く考えるようになった。その糸口を模索している時、私は、一九〇三年に旧制第一高等学校の学生であった藤村操《みさお》（十八歳）が日光の華厳の滝に身を投じて自殺した事件に思い至った。この事件から百年余りも経過したが、今も同じような自殺者が後を絶たない。

当時、藤村操は滝の近くの大木の幹を削り、その肌に次の言葉を書き残した（「巌《がん》頭《とう》之感」と題された言葉の一節)。

「萬有《ばんゆう》の眞相《しんそう》は唯《た》だ一言にして悉《ことごとく》す、曰く『不可解』」

さらに、藤村は自殺の前日に母親に手紙を送り、その中で、

「世界に生きて益なき身の生きて甲斐なきを悟りたれば華厳の滝に投じて身を果す」

と記していた。

前途有為の青年がなぜ、と意外に思い誠に残念でならない。遺書に記していない特殊な事情があったのかもしれないので故人の霊に対し大変無礼な言い方であるが、十八歳の若さで、はたして死ぬほど悩み抜いたあげく、人生は不可解という結論を出したのであろうか。死ぬほど重大な問題であるなら、もっと真摯に命懸けで追求すれば必ず答えが出たはずである。

旧制第一高等学校はエリートの集団であり、教授陣もわが国のトップクラスにある先生方が揃《そろ》っていたはずで相談する機会もあったはずである(ちなみに夏目漱石は、藤村に英語を教えていた)。また、自分で研究しようと思えば国際的に著名な学者や国内にもたくさんの哲学や社会科学や心理学や宗教学者の著作もあり、古くは二千五百年前から伝わるお釈迦《しゃか》様の教えもあったのに。

十八歳で「人生不可解」と言って自ら尊い命を絶つということはあまりにも不遜

であると言わざるを得ない。

なぜ、このような悲劇が起きるのかというと、考え方に間違いがあるにもかかわらず、それに気づかず、間違った考え方のまま答えを出すからである。

ここまで考えた時、冒頭の「いじめによる被害者が自殺する」ことと、相通ずるものがあると思えた。

そこで私は本書の題名である『生きる目的』というものを正しく把握した上で、真に納得できるように、明確な目的が人生にはあることを伝えたいと願った。いじめを受けて苦しむ若者が自殺という悲劇を繰り返さないように、何とか助けてあげたいという気持ちで本書を執筆することにした。


まずは私の体験してきたことから始めよう。

昭和二十年夏、太平洋戦争で日本が敗れ、それまで海軍兵学校や陸軍士官学校や予科練に入隊したり、あるいは学徒動員で大阪に通年動員で出向き、兵器を作ったりしていた旧制中学の同級生たちが母校の愛媛県立今治中学に一斉に帰ってきた。

それは異様な情景であった。海兵の軍服姿の者もいれば、陸士の軍服姿の者もいる。そこに予科練の軍服を着た者がおり、さらに中学の制服の者がいる。今から思えば、おかしな光景だった。だが、級友の姿を見たことで、教室は賑《にぎ》わった。

当時の旧制中学は五年制で、我々は二年生まではまともな授業を受けていたが、三年生の秋になると「学徒動員令」によって一切の学業が打ち切られ、全員が軍需工場で兵器の生産に従事することになった。郷里の今治駅頭で家族や学校の先輩や後輩に歓呼の声に送られて出征兵士の如く『あゝ紅の血は燃ゆる』という学徒動員の歌が斉唱される中を特別列車で大阪へ出発したが、翌日から重労働が始まった。食料不足による飢餓と蚤《のみ》と虱《しらみ》に悩まされ続け、勉強は一切していないのに翌年の四月に全員が四年生に進級した。

その後、学徒動員中に陸海空の学校を志望する者は受験して学徒動員先から入営していった。それでも、戦局は次第に悪化の一途《いっと》をたどりアメリカ軍のＢ29爆撃機による本土空襲が始まった。至近弾で爆風に吹き飛ばされたり、艦載機の機関銃弾が足元に連ねて打ち込まれたりした。焼夷弾《しょういだん》は頭からバケツをひっくり返したように降ってきたが幸運にも当たらなかった。戦争中のことでもあり、死に対する恐怖感は全くなかったが、どうせ死ぬなら戦場で死にたいと思っていた。

今考えると不思議であるが、生きるということに対して強い執着心はなかった。それは私だけではなかったと思う。当時の軍国主義教育のせいかもしれないが、我々の多感な青春時代に、戦争という状況が訪れたために死に対する感覚が麻痺してしまっていたようにも思われる。ただ、この時代のことが土台となり、戦後になって平和をとり戻すと、人類は、生存競争のためには他を殺さなければ生きていかれないという必要悪がある醜い動物のように思えるようになって、生きることの目的がわからなくなり、このまま漫然と生きていることに意味があるのだろうかと疑問を抱くようになった。そこで、手当たり次第に人生論や哲学書を読み漁って一応の納得はできたが、私には常に満たされないものが心の底に残っていて釈然としなかった。

五年制の旧制中学で勉強したのは動員されるまでの二年生までと、四年生の夏に敗戦を迎え動員解除になり秋から復学して五年生で卒業するまでの一年ほどだったので、実際に勉強したのは三年間だけであった。しかしながら、その間に戦争という稀に見る体験をしたので、平凡な学生生活では得られなかったであろう私の人生観が芽生えていったことは確かだ。

郷里が四国だったので、旧制中学の卒業後は高松経済専門学校（後の香川大学経済学部専修科）に入学したが、高松市内の校舎は空爆で焼失したため校舎は善通寺の砲兵第十一師団の兵舎であった。

二　西田哲学との出会い

当時の学生は弊衣破帽《へいいはぼう》の風習が残っていて貧乏学生にとっては生活しやすかったが、衣食住全てが最低で、なるべく腹が減らないようにと下宿で本ばかり読んでいた。そんな時、哲学の講義において西田幾多郎《にしだきたろう》が著した『善の研究』の解説を受けた際に、急に人生がバラ色に変わったことを今でも鮮明に覚えている。まさに目からウロコが落ちたとはこのことで、早速、友人から借りた『善の研究』を下宿で読みはじめたが、興奮して寝られず知らぬ間に朝が来ていたことが度々あった。当時古本屋に二百円で売っていた『善の研究』が買えなくて、とうとう写本してしまったほどである。それまでの私はどちらかといえば暗い性格であったが、自分でも自覚できるほど明るい積極的な性格に変化し、西田哲学との出会いに欣喜雀躍《きんきじゃくやく》したことは今も忘れ難い思い出である。その後、社会人となって購入した『西田幾多郎全集』全十九巻は私の座右の本となった。

三　釈迦の宇宙観に魅了されて

私の生家は愛媛県今治市にある。近くに四国八十八ヶ所霊場の五十九番札所である国分寺があり、春になると巡礼のお遍路さまが鈴を鳴らしながら大勢通っていた。子供の頃は兄弟三人が祖母に連れられて、米二斗分を乳母車に積んで巡礼道のそばにある蓮華《れんげ》田に行ったものだった。そこにムシロを敷き、朝から巡礼のお遍路さまにお米のお接待をしつつ弘法大師さまのお話を聞いたり、昼にはおにぎり弁当を開いて夕暮れ近くまでお接待するのがわが家の年中行事だった。

弘法大師（空海）は同じ四国の善通寺生まれで、子供の時から親しみがあり、色々な逸話を聞かされていた。大人になってわかったことだが、空海は『般若心経秘鍵《はんにゃしんぎょうひけん》』を著《あらわ》して、「真言は不思議なり観誦《かんじゅ》すれば、無明《むみょう》を除く」と述べられたのである。

父も長年にわたって菩提寺の檀家《だんか》総代や神社の氏子総代を務めており、わが家は歴代、信心深い家であった。そのため、子供の頃からお釈迦様の話などはよく聞かされていた。

そうした刷り込みがあったからかもしれないが、大人になってから「般若心経」の経典への関心が強まり、各種の解説本を読んでいる内に全ての苦しみの原因は「無明」（仏教用語で「無知」を意味する）であることに思い至った。あらゆる苦しみを解消する方法もわかり、生きていることの素晴らしさや最高の人生が生きられる方法もわかってきた。

このことをぜひ本書で読者に納得できるように伝えたいと思い、筆を執った。

それにしても二千五百年前に釈迦が探究された宇宙観に対する洞察には、私たちの想像を絶するものがある。釈迦の智慧《ちえ》の奥深さに関しては第五章で説明しているが、わかりやすくするために釈迦の考えと異なる部分がある「般若心経」の説明を行うことにした。弘法大師が中国から持ち帰って現在世に普及している大乗仏教の「般若心経」は作者不明であって、釈迦が説いた肝心要の部分に相違点がある。さらに、従来の解説書ではどうも釈然としなかった「空」の思想についても、般若心経のそれと、釈迦が根本的に論じていたものとを対比させながら考察した。そして、人間にはもともと、幸せに生きるためのプログラムが備わっているということを明らかにした。

本書を通じて、人間の「生きる目的」の根本に何があるのかを、読者の皆様にも考えてもらいたいと願っている。

［改訂版］生きる目的　幸せプログラムを呼び覚ます6つの授業◇目次

はじめに

第一章　マズローの欲求の段階から見た「生きる目的」

第二章　V・E・フランクルの強制収容所体験から見た「生きる目的」

第三章　いじめ問題と「生きる目的」

第一章
マズローの欲求の段階から見た「生きる目的」

一　五段階の欲求

人間の行動は、なにがしかの「欲求」によって引き起こされている。食欲、性欲、金銭欲、名誉欲など、その欲求にはさまざまなものがある。欲求と行動との関係を考察することは、生きる目的を追求する上での最も根源的なものがあるのではないかと考えた私は、心理学の面からこの問題に取り組んだ。その中で心理学者アブラハム・マズローの著作によって、さまざまな示唆を受けた。まず、そのことから「生きる目的」考究の第一歩を始めよう。

心理学者マズローは、人間の欲求を図1のように五段階に分けて説明している。第一段階は原初的な基本欲求である「生理的欲求」で、これは動物に共通した低次元の欲求である。食欲、性欲、睡眠、休養の欲求などが該当する。第二段階は「安全（安心）欲求」であって、マズローは自己保存の欲求と定義している。不安、恐怖、危険、苦痛、不快、障害などを避け安定した人格状態を保とうとする欲求である。

第三段階の「社会的欲求」は、集団、組織に帰属してその中で良い人間関係の維持を求めると同時に、人々から愛されたい、また愛したいという欲求である。

第四段階の、「自我（自尊）の欲求」は、人から認められたり尊敬されたり、良い評価を受けたいとか、昇進したいとか、周囲に対して何らかの影響力を持ちたいと願う自負の欲求である。

第五段階の「自己実現の欲求」は、「自己の能力」や特性を最高度に発揮しようとする欲求と、真、善、美、正義、完全性などに対する価値的欲求が含まれていて、人間として最も高次元の欲求であるとされている。

マズローは、人間の欲求をこのように五段階に分類した上で、人間は絶えず生理的欲求や安全欲求を中心とした安定への傾向と「自己実現」を追求しようとする傾向、即ち低次元の欲求と高次元の欲求との拮抗《きっこう》関係に置かれていて低次元の欲求ほど優勢であり、この欲求が満たされた時に初めて、より高次元の欲求が生じると述べている。

第五段階にある「自己実現」とはどういうことか説明しよう。「自己実現」という考え方を最初に提唱したのは、ドイツの脳病理学者クルト・ゴルトシュタイン（一

図1

マズローの「五段階の欲求」
――人間には本能的に五段階の欲求がある――

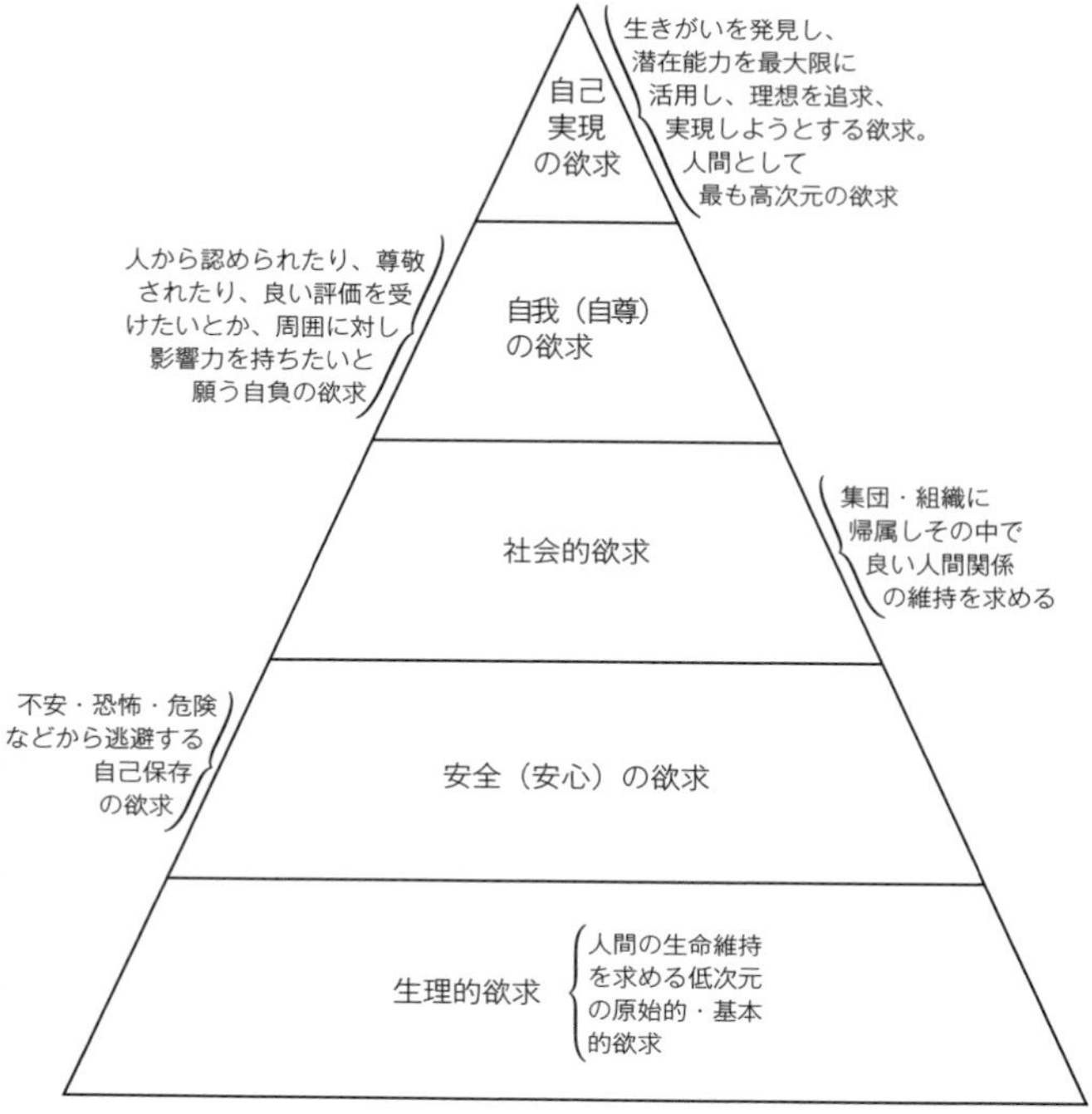

自己実現の欲求
生きがいを発見し、潜在能力を最大限に活用し、理想を追求、実現しようとする欲求。人間として最も高次元の欲求
自我（自尊）の欲求
人から認められたり、尊敬されたり、良い評価を受けたいとか、周囲に対し影響力を持ちたいと願う自負の欲求
社会的欲求
集団・組織に帰属しその中で良い人間関係の維持を求める
安全（安心）の欲求
不安・恐怖・危険などから逃避する自己保存の欲求
生理的欲求
人間の生命維持を求める低次元の原始的・基本的欲求

八七八〜一九六五）で、一九三九年にこの考えを発表した。彼が脳に傷を受けた患者を観察していた時、患者が残っている能力を極力発揮しようとする傾向を示すことに気づいた。この観察に基づいて、人間は生まれつき自分の望み通りになりたいという傾向を持っているのではないかと考えた彼は、このような欲求を「自己実現の傾向」と呼んだ。生きがいを求める心の中には「自分の内に潜んでいる可能性を発揮して、自己というものを伸ばしたい」という傾向が大きなウエイトを占めているのである。

これは全ての生物に言えることである。例えば、アスファルト道路の少しの割れ目からも生きようとして雑草が芽を出しているのをよく見かけることがある。雑草とはいえ、植物が生きるには最悪の環境の中だと思うが、それでもなお懸命に生きている。

芭蕉の有名な俳句の中に次の句がある。

よく見ればなずな花咲く垣根かな

なずなの花は、咲いているのかどうかわからないぐらい小さな花で人目にもつきにくいけれど、垣根の隅で一所懸命に咲いて天から頂いた命を自分なりに力いっぱいに生きている。その姿を芭蕉はけなげに思って、なずなへの応援歌の心算《つもり》で作った句だと思う。

ゴルトシュタインが発見した「自己実現の傾向」は「自分の内に潜む可能性を発揮して自己というものを伸ばしたい傾向」と言うことができるが、これこそ天地自然の法則に合致した生き方であって、全ての生物が持つ「宇宙の根本原理」に基づく「生きる目的」である。このことは第四章の「西田哲学から見た生きる目的」において深く掘り下げて考えてみることにしよう。

二　エンドルフィンの体験でわかったこと

「自己実現」すなわち、「自分の内に潜む可能性を発揮しようとする傾向」に関連して私が旧制中学二年生の時に経験した、ある不思議な現象のことを紹介したい。それは体育の時間でのことだった。五キロ競走でトップを走っていた私は、絶対このままゴールしたいと必死で走り続けていた。だが、自分の能力以上の力を出したためか息苦しくなり、走りながら倒れるかと思った。普段なら、ここで速度を緩めるのだが、その時は先生がストップウォッチで記録をとっていたので、良いタイムを出したいという思いが強く、もう少し、もう少しと歯を食いしばって苦しさに耐えていた。すると、終盤にさしかかった時、考えられないことが起きた。疲労し切っているはずなのに急に足が軽くなり、息も楽になってきて、今までのスピードを維持するどころか、さらにスピードを上げることができた。これは死の前兆かもしれないと思えるほどだった。先ほどまでの苦しさはどこにも感じられず、ますますスピードが出るので神が乗り移ったのではないかと本当に思った。ゴールして死ぬかもしれない不安があったが気分は爽快だった。走り終わってから、なぜこんな状態になったのか不思議であった。親しい友人や親には話したがあまり相手にされず、私もオカルトのように思われてもいけないので、その後誰にも話すことはなかった。ただ不思議なこともあるものだなと深い印象は残っていた。その疑問が解けたのは、太平洋戦争が終わって十数年後、ある製薬会社の社長から聞いた話がきっかけだった。

それは、米国の軍医が野戦病院で働いていた時の体験談だった。戦闘で負傷した米兵をテントの中で治療していると、手や足を失いながらも治療によって一命を取り留めた負傷兵は、今にも死にそうな断末魔に似た声を出してわめくのに対し、重傷で手の施しようがなく、今夜か明日には臨終を迎えるという負傷兵は非常に冷静で、テントの中の看護婦さんに「こんな野戦病院にまで来てご苦労だな」と労《ねぎら》いの言葉をかけたりする、という場面にしばしば遭遇した。その負傷兵は死ぬほどの痛みがあるはずなのにわめくこともしないで、予想通りその日の夜中か明朝には死亡した。この状況はどの野戦病院においても同じで、これは人体の中で何かが起こっていると確信した軍医は、戦時下とはいえ克明に記録を残しておき、終戦後この現象について研究した結果、新事実を発見したのである。

それは、人体が極限状態になるとエンドルフィンというホルモンが自然に出てきて、痛みや苦しみを和らげる役目をするというものだった。しかもこのホルモンは、モルヒネの三十倍もの強さがあることがわかった。命に別状のない負傷兵は極限状態ではないのでこのホルモンが出ることはなく、そのため大声でわめきちらすことによって痛みを発散していたのだろうという結論を導き出した、と言うのだ。

十数年来不思議に思い続けていた私の謎がやっと解けた。その後、麻酔学界の権威である京都大学名誉教授稲本晃《いなもとあきら》先生と同席する機会があったので、私の中学時代の不思議な体験を話したところ、「それはオリンピック選手などにはありがちなことですよ。極限状態に置かれた時、自分の体内から自然に出てくるホルモンです」と言われたことがある。後《のち》に、オリンピックのマラソンでメダリストになった君原健二選手とお目にかかった時、このような体験の有無を聞いてみたところ、自分自身で体験したことはないし、仲間の選手からも聞いたことはないという返事だった。

オリンピックのメダリストともなると日常的に厳しいトレーニングを重ねているので体が馴《な》れてしまい、体内のホルモンを出すスイッチがオンにならないためかもしれないと、その時は思った。このエンドルフィンというホルモンは、最近は「幸福ホルモン」とも呼ばれているようである。これで私の不思議体験は一件落着した。

それにしても、ありとあらゆる生き物には宇宙からこんなにも素晴らしい命の力が与えられている。アスファルト道路の割れ目からでも生きようとする雑草、人目にもつかない所で懸命に小さな花を咲かす「なずな」。これらは義務的に生きようとしているのではなく、大自然の摂理に従って自分の内に潜む可能性を発揮して生きようとする強靱《きょうじん》な意志のようにも思える。私はここに、大自然の力を実感できるのである。

これが「宇宙プログラムの智慧」である。動植物と違って人間はこの智慧を意識して修行することによって、さらに精神性が高まり「自己実現」の理想を達成することができるのである。この「宇宙プログラムの智慧」については、第五章において詳しく説明したいと思う。

三　マズローの研究成果から得たこと

さて、マズローは初めから「自己実現」を研究しようと思ってスタートしたわけではない。自分が生涯の師として仰いだ二人の人物の人間性にひかれ、この人のどんな点が素晴らしいから自分が尊敬するのかを分析してみようと思ったことがきっかけだった。

分析を進めていく内にこの二人には共通点があることがわかってきた。そこで、もっと多くの人にもこの共通項を当てはめることができるのではないかと気づいたのである。そこでマズローは、日頃から自分が好きで大変尊敬している人たちを特徴づけているものは何かということを調べ上げることにした。まず、西洋文化の中で育ち、あらゆる種類の個性を持った年配の人たちで、健康な成功者を選び、彼らのことを細かく研究することにした。

晩年のリンカーンとトーマス・ジェファーソン、アインシュタイン、ジェイン・アダムス、ウィリアム・ジェイムズ、バルフ・スピノザ、ウォルト・ホイットマン、ヘンリー・ソロー、ベートーヴェン、エレノア・ルーズベルト、ジグムント・フロイト、アルベルト・シュヴァイツァー、フリッツ・クライスラー、ゲーテ、パブロ・カザルス、ジョン・キーツ、ロバート・ブラウニング、マルティン・ブーバー。自身が選んだこれらの成功者についてさまざまな角度から分析していった。その結果からマズローは「自己実現」する人の性格の特徴を次の八項目に分類した。

1. 自分にとらわれないで、物事に熱中することができる。
2. 不安や恐怖があっても、自己防衛に陥らない。
3. 表面を装わない。自己のありのままを忠実に受け入れる。裸のままの自分を見つめて自分らしく生きていく。
4. 自分に責任をとる。
5. 自分の内なる声に耳を傾けて、他人とは違っている自分に正直になるだけの勇気を持つ。
6. 知性を用いて、自分がしたいと思うことを、よりよく成し遂げるように努力する人。智慧を使う。
7. 買い求めたり、他人からもらったり、探し求めたりしても得ることができない、真、善、美——美術館で美術を観《み》るとか、きれいだと感じること——を求める。

8. 自分は何者であり、誰であるかを発見する。そして自分はどこへ行き、自分の使命は何であるかということを見出すアイデンティティーを有している。

ゆとりや自由時間を創造的に生きる。

これら八項目が自己実現する人の性格における特徴であるとマズローは言うが、これなら特別な人でなくても我々庶民にもできることばかりである。

とはいえ、現実には、こうした成功者もいれば、人生を思うように歩めない人もいる。両者の違いはどこからくるのか、私はその点に興味があった。一見、容易なように思える八項目ではあるが、実践となると強烈な自己実現への意志を持っていなければならない。それは、若い内から意識しておかないと、急にやろうと思ってもできるものではない。また、一人でできる人もいるかもしれないが、私は、よく導いてくれる人が必要だと考えている。

その一つの実践例を次に示しておこう。

四　社員研修での生きがい探し

私は社員七百人ほどの物品販売業を営む企業の社長や会長を三十年続けてきた。

そして自社の新入社員教育において、自己実現とはどういうものかを実感してもらうために、私の担当時間にオリジナルな教育をしてきた。この教育の主眼は新入社員にとってはともすれば一方的な押しつけ教育となる面を軽減し、自分たちで発表する機会も設けることで緊張感と自発性を持たせることにある。新入社員からの評判も、よく理解できたと好評だった。もちろん、会社の総務や人事、営業や経理といった組織の担当者はそれぞれの部門に応じて専門的教育をしている。私の教育内容は、これからの社員生活の中でいかに自己実現をしていくか、自分の業務を通じていかに社会貢献をするのか、そしてその結果として、自分の生活の安定を図ることができるようにするとともに、生きがいのある社員生活を送るにはどうすればいいのかという、社会人として基本的なことを体感してもらうものだった。こうしたことは講師がいくら口を酸っぱくして語ったとしても、社会人としての経験が皆無な新入社員には全く届かない。私は自分たちに考えさせて自分たちで結論を出させるという方法を採用した。会社が押しつけた結論ではなく、これからの社会人としての生き方はどうあるべきかを、自分たちで考えて出した結論だからこそ、誰しもが納得して実行に移せると考えたからである。

具体的な方法はＫＪ法というデータをまとめるために有効とされている方法を使っ

ている。ＫＪ法は、文化人類学者の川喜田二郎氏が開発した、データを整理する方法である。川喜田氏がネパールやヒマラヤの山中で人類の骨を収集していく中で膨大な情報をいかにまとめるか、その方法を模索する中で考案したもので、これによって人類の進化の過程を解明するための基礎情報を整理できたという方法である。

私が社員教育で行っている実際の方法を説明すると、最初にディスカッションのテーマを私が決める。テーマは毎年同じで、「生きがいとは」に決めている。テーマを発表すると毎年決まったように会場から「えー」という声が聞こえてくる。抽象的で、これまで考えたこともないようなテーマだからこそ最初の反応は戸惑いの声になる。大切なことは、具体的で卑近なテーマでは底の浅いものになってしまうということである。

抽象的で難しい問題であることを認識させるために、「私にもわからないから皆で考えて答えを出そう」と言う。新入社員全体を巻き込み、皆が積極的に参加するように促していくことが大切なポイントとなる。そのために最初に役割を決める。司会者・記録係・分類係と決めていく。そうしておいて、私は「正面から取り組んでも難しすぎるから、自分の過去を振り返ってみて、子供の時から今日までにうれしかったことや、楽しかったこと、充実感を覚えた時、苦しかったことなどを一人ずつ発表していこう」と言う。司会者が順番に指名して、発言内容を記録係がメモに一人一枚ずつ記録していく。例えば第一志望校に合格できてうれしかったとか、部活の県大会で優勝して皆で抱き合って喜んだとか、優しくしてくれたおばあちゃんを徹夜で看病して回復した時に良かったと思ったなど無数に出てきて、トイレ休憩も忘れて、誰も席を立たず熱心に発言する。

この記録メモを分類係が、小分類に仕分けして大きな紙にメモを張り付けていく。こうして分類した項目をさらに中分類として表示する。例えば「家族愛」であるとか、「友達」や「地域社会に役立つ」、「努力」などとなる。入試に成功した時や優勝したことなどは皆「努力」に分類され、数としてはこれが一番多い。例年、五〜六つのグループに分類される。このようにして中分類までは、新入社員でもスムーズに流れるのだが、大分類になると意見が分かれ、時間がかかるので、私がアドバイスしながら結論に導いていった。ただ、あくまでこの意見は自分たちが自分の体験から発言したのであるから、自分たちの自主性によって結論を出すようにリードすることが肝要である。

例えば「家族愛」や「友愛」にしても、困った時に友人を助けてあげたり、家族を徹夜で看病したり、といったものはある一つの目的のために熱中し追い求めた結果として「家族愛」や「友情」が生まれ、楽しかったり、うれしかったり「幸福感」に浸ったりするのである。

この事例をまとめてみると次のようになる。

ある一つのことを追い求め、努力し熱中した時に、その行動や思いの副産物として我々の心の中に生まれてくる積極的な感情を「生きがい」という。

つまり、何かに熱中したり、何かを追い求めて努力したりすることもないのに、副産物だけを求めてみても、それはないものねだりであって「生きがい」は得られないということになる。

この新入社員教育の締めくくりとして、私は次のように言っている。

「今日から、社会人としての第一歩を踏み出した皆様は、これからの長い一生においてどんな生き方をしようと自由だ。しかし、一つだけ考えておいて頂きたいことがある。それは皆様が今日まで親や兄弟、あるいは地域社会や国家の庇護のもとで育ってきて、大勢の人たちから奉仕を受けて立派な社会人になることができたということである。したがって、今度は皆様が奉仕をする側に回らなければならない。そうすることによって、皆様自身の今後の生活の安定もできる。しかし、昨日まで周囲から奉仕を受けていた者が今日から百八十度の方向転換をして社会に役立つこ

図2

大分類

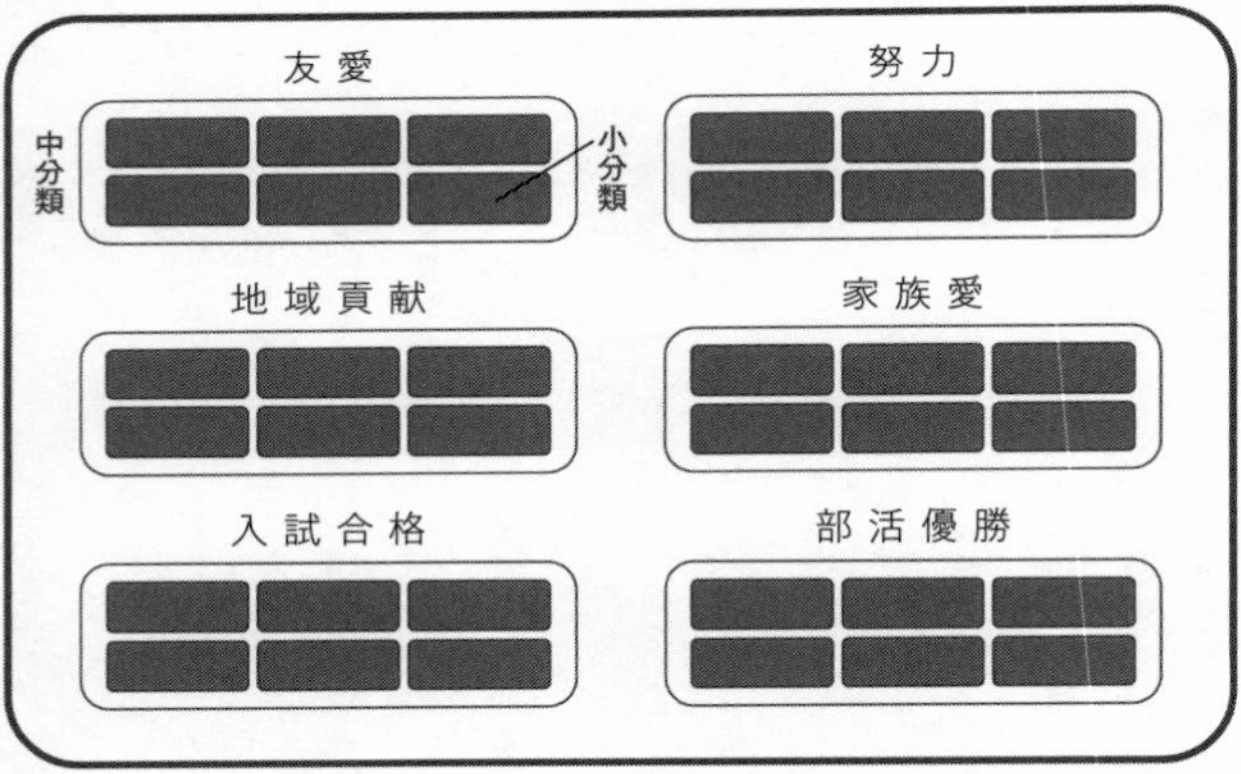

とができるだろうかと不安になるであろうが、心配することはない。

ある一つの企業が存在するのは、その地域社会に何らかのお役に立っているからである。企業には経営理念があって、地域社会に奉仕をし、その結果として企業も繁栄していくという社是を持っている。組織の中で分業的な力を併せれば個々に一人が発揮する効果よりもはるかに効率の良い大きな成果を上げることができる仕組みが企業にはある。その組織の一員として活躍すれば十分に社会貢献ができるし、その結果として、自分の生活も安定するようになる」

自分たちで「生きがいとは何か」

を討論したあとでこの話をすると、皆、共通の認識を持つようになっているので、新入社員であっても納得できるようであった。

以上は、私が現役時代に行った新入社員教育の一コマであるが、この章のテーマである「マズローの欲求の段階から見た生きる目的」に戻ることにしよう。

〈「生き甲斐とは？」のテーマで結論を出すまでの手順〉

各人が過去の体験談、うれしかったこと、充実感を持ったこと、楽しかったこと、幸福感を持ったことなどを発表する。記録係がカードに記録して「小分類」し、分類係が同様のものを集め「中分類」して、表に張り付ける。中分類に共通する要素を見出すと結論が出る。（図2参照）

五　人間にとって幸福とはどういうことか

マズローは、「自己実現」を追求するためには、持てる能力を最大限に発揮して、人間の最高次元の欲求を満足させることが自分自身のためでもあり、また社会のためでもあると述べている。そして、生きがいに満ちた人生を送り、また人間として理想的な状態で生きていく目標であるとも言っている。

では、人間の最高次元の欲求が満足できた時、人々ははたして幸福になるのであろうか。別の切り口から「自己実現」を見るために、精神病理学者カール・G・ユングの「幸せになるための六つの条件」を当てはめてみよう。

1. 健康であること。
2. 自分がこれでいいと思うぐらいのお金を持っていること。
3. 人間関係が楽しいこと。
4. 芸術の素晴らしさや、ワインや料理などのおいしさや楽しさがわかる。
5. 朝起きて、しなくてはならないものを持っている。
6. 困ったことや嫌なことが起きた時、それを乗り越えるために必要な哲学的あるいは宗教的に頼る術《すべ》を持っているか、困難を解決するだけの精神的な能力(強さ)を身につけていること。

以上六つの条件は、「自己実現」を達成した人なら、全部でなくてもほとんどクリアしているだろう。ところで、この六つの条件の内、いくつか足りないものがある人は、幸福ではないのだろうか。周囲の人たちから「あの人は不運な人だ」とか、「不幸な人だ」と思われている人の中には、確かに、この六つの条件の内、いくつかが欠けている人もいる。だが、はたして本人はそのように思っているのであろうか。

　人間には四つの苦しみがあると言われている。「生老病死」と言われる四苦であって、人間なら誰しもが生涯の内にこの苦を受けることになる。また、貧困の中で生活を送っている人もいれば、生まれながらに身体に障害を持っている人もいる。あるいは、不治の病におかされ、身体の自由を失いながらも世界最高水準の宇宙物理学者となったホーキング博士のような人もいる。六条件が揃わなければ幸福になれないということは絶対にない。この条件が揃っているのに越したことはないが、自分が人生の価値基準をどこに置くかによって、人それぞれに幸福感は変わってくる。

(1)無実の罪で処刑された上野軍医

　この一例として、太平洋戦争が終わり帰国して後《のち》にグアム島において軍事裁判にかけられて、アメリカ軍によって処刑された栃木県出身の上野《うえの》千《ち》里《さと》軍医のことを述べておきたいと思う。私は上野軍医が家族に書き残した遺書を見た時に強いショックを受けるとともに深い感銘も受けた。これこそ人間として生まれ、高次元の精神性を発揮しつつ軍医として祖国のため、愛する家族のために不惜身命《ふしゃくしんみょう》の限りを尽くした姿勢は「自己実現」を体現した最たるものと思っている。

上野千里軍医はなぜ、米軍によって処刑されなければならなかったのか。太平洋戦争の末期、グアム島の日本軍は米軍のＢ29爆撃機の攻撃を受けていた。爆弾投下の際に日本軍の高射砲で撃ち落とされる者もあって、パイロットは落下傘で脱出したものの日本軍の捕虜になるものもいた。そうした捕虜を収容していた施設にも米軍は爆弾を投下したため、死傷者が出た。上野軍医は負傷者を地下壕《ちかごう》の手術室で治療していたがちょうどその時、Ｂ29の爆弾投下が激しくなり、避難命令が出たので手術を中断するための処置をして一時避難をし、再び手術室に戻ってみるとパイロットは何者かに殺害されていた。上野軍医の上官が上野の部下の衛生兵に直接命令を下して処刑してしまったというのが真相だった。戦争が終わりいったんは国内に戻っていた上野軍医は、この捕虜虐殺の罪を問われ、再びグアム島に連行され、戦犯裁判にかけられた。冤罪であるにもかかわらず、自分が否認をすると部下たちが罪に問われることを知っていた上野軍医は、自分が捕虜処刑の命令を下したと述べ、無実の罪をかぶったことで、グアム島での処刑が実施されたのである。

死刑が決まって死を覚悟した上野軍医は「生きる目的」を死ぬまで持ち続け、自分の命の輝きを妻や子供に伝えようとする。この生きざまを見た時にどんな理論よりも明快にあらゆる境遇の人にも生きる意味があり、命を輝かすことができることがわかった。

上野軍医は妻への遺書とは別に子供たちに向けて詩を書き残している。参考までにこの詩の全文を紹介しよう。

みんなに

悲しみのつきぬところにこそ
かすかな喜びの芽生えの声がある
熱い涙のその珠にこそ
あの虹の七色は映え宿る

人の世の苦しみに泣いたおかげで
人の世の楽しみにも心から笑える
打たれ踏まれ唇を噛んだおかげで
生れて来たことの尊さがしみじみ解る

醜い世の中に思わず立ちあぐんでも
見てごらんほらあんなに青い空を
皆が何も持っていないと人が嘲《あざわら》っても
皆知っているもっと美しい本当に尊いものを

愛とまことと太陽に時々雨さえあれば
あとはそんなにほしくない
丈夫なからだとほんの少しのパンがあれば
上機嫌でニコニコ歩きたい

それから力いっぱい働こう
そうして決して不平は云わずに
何時《いつ》も相手の身になって物事を考えよう
いくらつらくても決してひるまずに
どこかに不幸な人がいたら

どんなことでも力になってあげよう
もしすっかり自分を忘れてしてあげられたら
もうそれできっと嬉しくてたまらないだろう

うつむいていればいつまでたっても暗い空
上をむいて思いきって笑ってごらん
さびしくて、どうしても自分が惨めに見えたら
さあもっと不幸な無数の人々のことを考えてごらん

道はどんなに遠くてもお互いにいたわりあい
みんな手をとりあって歩いていこう
悲しいときは共に泣き楽しいときは共に笑い
肩を組み合って神のみ栄えをたたえよう

朝お日様が昇るときは
あいさつに今日もやりますと叫びたい

夕べお日様が沈むときは
夕焼雲をじっと見つめて坐《すわ》っていたい

心にはいつもささやかな夢を抱いて
小鳥のようにそっと眠り
ひまがあったら古い詩集をひもといて
ひとり静かに思いにふけりたい

幸せは自分の力で見出そうよ
真珠のような涙と太陽のような笑いの中に
今日もまたあしたも進んでいこうよ
きっといつの日か振り返って静かに微笑《ほほえみ》あうように

偽って生きるよりは偽られて死に
偽って得るよりは偽り得ずに失えと
天国からじっと見守っているお父様に

手を振ってみんな答えておくれ「おう」と
何度転んでもまた起き上がればいい
なーんだこれしきのことでと笑いながら
さあみんな朗らかに元気いっぱい
さわやかな空気を胸に大きく吸いながら
（※詩中のルビは編集部による）

処刑を直前にして発した、妻や子に真心を込めて贈ったこの詩に、私は第四章第三節「(4)善行」において論じた西田の次の説を思い出すのである。

「人間が人間の天性自然を発揮するのが善である」

この言葉は、善のある一つの切り口を表現している。例えば花が花の本性を現わした時に最も美しいように、人間が人間の本性を現した時こそ美の頂点に達するということを端的に表現している。「善は即ち美」である、とも言えるだろう。

(2)あるパイロットの奇跡の生還

このことを示す例を挙げると数限りなく出てくるが、ある実話のことが真っ先に思い起こされる。今から二十年ほど前にあるテレビ番組において、アルゼンチンの宝くじで一等に当選した老パイロットのことが放映された。その番組の中でこの老パイロットが、実は若い頃、飛行機の操縦中にアンデス山脈中の山の頂上付近に不時着しながらも九死に一生を得て生還した幸運の持ち主であったこともエピソードとして紹介されていた。私は二度も幸運に恵まれたこのパイロットに興味を覚えた。

同時に、二度もこのような幸運に恵まれたこのパイロットが、ユングの幸せになる六つの条件の内のどれを満たしていたのか知りたくなった。そこで、私はこのパイロットの最初の遭難事故のことを調べはじめた。

この遭難事故の一週間ぐらい前から悪天候が続いたため、アンデス山脈を越えた町への郵便物が大量に溜まってしまっていた。郵便飛行会社の社長は、この悪天候にアンデス山脈を越えるのは無理だと判断して飛行を止めていたが、パイロットは職業使命感の強い人だったのだろう、手紙を待っている人も大勢いるのだからと社長を説得して、天候も少し回復してきたので、周囲の反対を押し切って強引に出発してしまった。だが、麓と違って頂上付近の天候は悪く、頂上付近で遭難してしまった。それを知った会社は救助の飛行機で必死の捜索を続け、パイロットも上空の救助機に何度も救助弾を打ち上げたが悪天候による視界不良のために見つけてもらえなかった。やがて弾もなくなってしまい、食糧もなく、防寒具もない氷点下四十度の頂上付近では凍死が間近に迫っていた。パイロットは、せめて遺体が強風で飛ばされないようにと、自分で体に石をたくさん積み上げ、あとで発見してもらえるようにして死の準備をしていた。

その頃、会社では万策尽きてこれ以上探しても見つかる可能性は低いし、食糧もなく、極寒の中で凍死しているだろうから、葬儀を出すようにとパイロットの夫人に勧めていた。ところが「いえ、主人は必ず帰ってきます」と言った夫人は、遭難以後ずっと祈り続けていた。

一方、パイロットは死を覚悟して胸のポケットから最愛の妻の写真に別れを告げようとした。その時、妻の念力が届いたのか、急に勇気が湧いてきて絶対に生きて還って妻に悲しい思いはさせないと思いを定め、雪山を下りはじめた。山麓にたどり着くまでにはいくつもの雪の山脈を越えなければならなかったが、ついに雪のない山まで下りてきて気絶していたところを牧童に助けられ生還することができたということだった。

この話は、『愛と勇気の翼』というタイトルで映画にもなっており、素晴らしい作品だった。家族や知人にもぜひ見るようにと勧めたところ、皆異口同音に感動したと述べていた。

これは人の命を夫婦の強い愛の絆が救った例であり、ユングの幸福の条件の三つ目の人間関係の中の愛に該当すると思う。死を覚悟した時にも強烈な愛の力は人間に秘めた潜在能力を発揮させ超人的な力で死の淵《ふち》から脱出させたのである。この実話の裏には、この夫妻が愛の絆をいかに培ってきていたかという愛の純粋さがあると思う。社長から葬儀を勧められても「いいえ、主人は絶対に帰ってきます」と信じるほどの強い夫婦愛に私は強く心を打たれた。

むろん、六つの条件の一番目の健康という条件や、六番目の精神的な能力も備えていたことも生還の要因となったと思う。

(3) 桂小五郎と幾松の愛

もう一つ、愛の力で命を救った例を紹介しよう。明治維新の元勲として日本史の教科書にも出てくる木戸《きど》孝允《たかよし》は、幕末の頃は桂小五郎といい、倒幕の急先鋒の一人として幕府から危険視されていた長州藩士だった。彼が新撰組から常に命を狙われていた京の町で、愛人（後《のち》に妻となる）の幾松が旅館に入るのを近藤勇が見つけた。今夜は必ず桂がこの旅館にいると確信した近藤は躊躇なくその旅館に踏み込んだ。

幾松は咄嗟に桂小五郎を部屋に置いてあった長持ちの中に隠し、その前で三味線を弾きながら小唄を歌っていた。

近藤勇は幾松に向かって、「この長持ちの中に桂小五郎がいるだろう、開けよ」と迫ったが、幾松は「桂はいない」と近藤の要求をはねつけた。「開けろ」「いない」の押し問答の末、幾松は近藤勇に向かって「この長持ちを開けて、桂がいなかったら、近藤さま、あんた腹切りや」と抜き身の前で女の命を張った。恋した人に尽くす女の心情にほだされた近藤はその場を立ち去ることにした。桂がいることはわかっていながらも、見逃す武士の情を近藤勇は持っていた。今も京都木屋町において料亭「幾松」は営業を続けており、部屋には当時の長持ちが置いてある。亭主はこの逸話を宿泊客に聞かせてくれる。

この実話も、愛する人を命懸けで守り通した女の心意気を示していて、立派な「自己実現」である。マズローの欲求の段階の一段目の人間の基本的欲求である生命の維持を通り越し、二段目の自己保存の恐怖や危険からの逃避の欲求も眼中になく、ただひたすら自分を犠牲にして愛に生きた最も高次元の願望を果たした例であると思う。

六 「生きがい」と「生きる目的」は違う

このように「生きがい」のある生き方をすることは確かに充実した人生を送ることであり当人にとって幸福な人生に違いない。しかし、本書のテーマである「生きる目的」というのは、もっと別の次元のところにあって「生きがい」もその中に含まれるが、目的ではないことを区別しておかないと、何かの事情で「生きがい」を失ったりすると、生きる望みがなくなってしまう。その時、また振り出しに戻って「なぜ生きるのか」という基本的な問題に立ち返らざるを得なくなってしまう。

建築工事に例えれば「生きる目的」というのは基礎工事であって、これがしっかりしていないといくら地上に立派な建物を建てたとしても建具の締まりが悪くなったり、壁にひび割れが入ったり、家が傾斜したり、地震の時に倒壊したりするのでレベルの高い建築業者は見えない所の基礎工事を念入りに施工するのである。「生きがい」は「生きる目的」の手段であって目的そのものではないとなるともう少し深く掘り下げて考えてみなければならない。このことは第四章の西田哲学、第五章の釈迦の仏教それぞれから見た「生きる目的」の章で、「生きる目的」の基礎になる部分を明確にしながら論じようと考えている。

第二章
V・E・フランクルの強制収容所体験から見た「生きる目的」

一　意味への意志

人は何のために生きるのか。生きる目的は何か。ということが人間の根本問題である。この問題の解答に迫られたのが、心理学者ヴィクトール・E・フランクルであった（以下フランクル著『夜と霧』を随所に参考しながら考察していく）。フランクルは、第二次世界大戦中ユダヤ人というだけの理由で、何の罪もないのにナチスの強制収容所・アウシュヴィッツに他の大勢のユダヤ人と共に送られた。収容所に到着直後フランクルらは一列に並ばされ、一人のドイツ将校によってガス室送りか、労働用かを一人ずつ選別されていった。九十五％はガス室送りとなり五％が労働用として収容される。フランクルは労働用に選別され、実に悲惨な状況下で過酷な強制労働を強いられた。

脱出することも不可能で、飢えと寒さに苦しみ、朝目を覚ますと隣の友が死んでいても彼らは心に小波《さざなみ》一つ立てなかった。このような現象を「感情消滅」というが、極限状態に置かれると、人は自己保存のための必要不可欠なメカニズムとしてこのような状態に陥る。
　こうした苦しみだけの状況下では、生きることに絶望する人たちが続出し、高圧電流が流れる収容所の鉄条網を乗り越えようとする「鉄条網病」という自殺が相次いだ。ナチス・ドイツによって約六百万人以上のユダヤ人が虐殺されたといわれているが、アウシュヴィッツにおいても毎日二千人ずつがガス室で殺され、その死体を片付ける労働に駆り出された。肉親は殺されてしまい、いつ自分も殺される番になるのか、絶望的な生活が続く残酷な状況の中で、ある日フランクルのもとへ二人の男が訪ねてきた。二人はフランクルに「お前は以前、どんな人生にも意味があると言ったではないか。しかし、今の我々に、もはや人生から何も期待できないから自殺することを相談に来た」と告げた。この時、フランクルは二人に自殺を思いとどまらせるために言葉の限りを尽くして説得にあたった。結局、二人は自殺を思いとどまるのだが、フランクルが話した内容は、本章の一番重要な部分になるので、わかりやすく説明するためにフランクルの説を分解しながら確認していこうと思う。

　フランクルは、人間と人生の関係について次のように述べている。

「人間は、自分の人生をできるだけ意味のある人生にしたいという欲求に、最も深く支配され続けている」

これは第一章で述べた、マズローの「欲求の段階理論」でいえば、「自己実現の欲求」に該当する。

ニーチェも言うように、人間にとって最も耐え難いことは「何のために」という問いに対して答えがないことであり、反対に「何のために」の理由を知っている者はあらゆる「いかに生きるか」に耐えることができる。第二次世界大戦の終了後、三十年もの間フィリピン・ルバング島に一人留まった小野田寛郎《おのだひろお》さんを支えたものは、遊撃戦をしながら敵の情報を集めるという命令を遂行することが祖国のために役立つ、という信念であった。戦後の日本人、特に当時の若い世代にとっては、小野田さんの長年の過酷な状況での苦労は理解できたかもしれないが、あまりにも滑稽に見えただろう。しかし、彼の軍律に従うという使命感が、彼をして長年にわたる苦難を耐えさせたのである。この使命感、つまり「意味への意志」があるかないかが生死の分かれ道であった。

二　人生の意味についての二つの観点

『夜と霧』の中でフランクルは次のように述べている。

「強制収容所における人間を内的に緊張せしめようとするには、まず未来のある目的に向って緊張せしめることを前提とするのである。囚人に対するあらゆる心理治療的あるいは精神衛生的努力が従うべき標語としては、おそらくニーチェの『何故生きるかを知っている者は、殆どあらゆる如何に生きるかに、耐えるのだ』という言葉が最も適切であろう。すなわち囚人が現在の生活の恐ろしい『如何に』（状態）に、つまり収容所生活のすさまじさに、内的に抵抗し身を維持するためには何らかの機会がある限り囚人にその生きるための『何故』を、すなわち生きる目的を意識せしめねばならないのである。

反対に何の生きる目標をもはや眼前に見ず、何の生きる内容ももたず、その生活において何の目的も認めない人は哀れである。彼の存在の意味は彼から消えてしまい、それと同時に頑張り通す何らの意味もなくなってしまうのである。このようにして全く拠り所を失った人々はやがて仆《たお》れて行くのである。あらゆる励ましの言葉に反対し、あらゆる慰めを拒絶する彼等の典型的な口のきき方は、普通次のようであった。『私はもはや人生から期待すべき何ものも持っていないのだ』。これに対して人は如何に答えるべきであろうか」

フランクルのもとを訪ねてきた前述の二人の男もこれと同じように、典型的な口のきき方をして自殺の相談をしている。この問いは強制収容所の囚人にかかわらず、人間存在そのものの根底に潜む本質的な宿命から発せられた叫びでもある。

この叫びに対してフランクルはいかに答えるべきであろうかと悩んだが、次のように答えた。

「ここで必要なのは人生の意味についての問いの観点の転回である。すなわち人生から何をわれわれはまだ期待できるかが問題なのではなくて、むしろ人生が何をわれわれから期待しているかが問題なのである。……哲学的に誇張して言えば、ここでは一種のコペルニクス的転回が問題なのであると云えよう。すなわちわれわれが人生の意味を問うのではなくて、われわれ自身が問われている者として体験されるのである。人生はわれわれに毎日毎時、問いを提出し、われわれはその問いに、詮索や口先ではなくて、正しい行為によって応答しなければならないのである。人生というのは結局、人生が提出する問題に正しく応答すること、人生が各人に課する使命を果たすこと、日々の務めを行うことに対する責任を担うことに他ならないのである」

人生の意味を問う場合、フランクルには二つの観点があって、そのどちらの観点から問うのかが、決定的に重要であるということになる。

即ち、「人生から何を我々はまだ期待できるか」という観点からそれを問うのか、あるいは、「人生が何を我々から期待しているか」という観点からそれを問うのか、ということである。そうして人生の意味を問う場合、前者の観点から後者のそれへと、問いの観点を転回することが決定的に重要である。

前者の「人生から何を我々はまだ期待できるか」という観点は「人生を自己中心にしてとらえる観点」である。この観点の場合、自分が人生と世界の中心であり、自分はそれらから何を期待でき、何を得ることができるかという点に重点を置いて人生と関わるようになる。これは単なるわがまま、エゴイズムにすぎない。即ち自分の人生は自分だけのものであるという観点は、自分が「人生から何も期待できない」という限界状況に陥った時、自分を支えることができなくなる。

これはいわゆる死に至る病であり、必然的にニヒリズムに陥る。生きるということを自己中心的にしか考えることのできない人生のあり方は必ずどこかで行き詰まり、その時、自己から脱出したいという衝動が激しくなってしまい、自殺へと駆り立てるのである。それは自己中心の生き方に罪が潜んでいるのである。

自分の人生は自分のものでありながら、自分を超えた何物かから与えられたものであり、自分はその何物かに対して、自分の人生を生き抜く責任を担っているのである。

この自分を超えた何物かとは仏教では「四恩」という。人間は誰しも多少の差はあっても四つの恩を受けて生きてきた。一つは「国土の恩」という。これは国土が我々を護《まも》ってくれているという恩である。二つ目は「衆生の恩」。我々を扶《たす》けてくれているのは衆生、つまり周りの人々といっても良い。三つ目は「師の恩」という。我々は師から色々なことを教わり、人生を生きる智慧を身につけていく。四つ目は「父母の恩」で、我々を生み育ててくれた父母から数多くの恩を授かっている。

これら四つのものをまとめて世界と呼ぶなら、自分は世界によって生かされている者といえる。自分の人生は世界から与えられたものであり、世界に対して自分の人生を生き抜く責任を担っているのである。

この自覚は前述の「人生から何をわれわれはまだ期待できるか」という自己中心的な観点ではなく、逆に「人生が何をわれわれから期待しているか」という観点に立つことの重要性を示唆している。この視点を持つことで将来に明るい希望の光が見えてくる。しかも、それは単なる自己犠牲的なことではなく、「自己実現」が発揮できる、人生における究極となる最高次元の欲求を満足させることができるのである。

ここで先に述べたフランクルのもとへ自殺の相談に来た二人の男の話に戻ろう。フランクルは『夜と霧』で、次のように述べている。

「二人に対して、人生は彼等からまだあるものを期待しているということ、すなわち人生におけるあるものが未来において彼等を待っている、ということを示すのに私は成功したのであった。事実一人の人間には、彼が並外れた愛情をもっている一人の子供が外国で彼を『待っていた』のであり、他の一人には人間ではないが他のものが、すなわち彼の仕事が『待っていた』のである。彼は科学者としてあるテーマについて本のシリーズを書いていたのであるが、それはまだ出来上がらず、その完結を待っていたのである。全く同様に他の一人もその子供にとってはかけがえのないものだったのである」

フランクルのもとに自殺の相談に来た二人の男は、フランクルに会って死への道から生への道へと転回することができた。死への道とは、「もはや人生から何ものも期待できない」という観点によって通じている道であり、生への道とは、「人生が何を我々から期待しているか」という観点によって開かれる道である。前者は自分の人生を自分から見る自己中心的な観点であり、後者は自分の人生を他者ないし世界から見る、他者中心的な観点であると言えよう。

この二人はフランクルの示唆によって後者の観点に転回することができたので、生きのびることができた。

この観点の転回ということで思い出すのは、一九六一年一月、アメリカ大統領であった故ジョン・F・ケネディが大統領就任時に行った有名な演説である。

「わがアメリカ同胞諸君、国家が諸君のために何をしてくれるかを問うなかれ。
諸君が国家のために何をなしうるかを問いたまえ」

このケネディの演説と、フランクルの観点の転回とは何の関係もないが、発想の転換ということに関しては類似点があると思う。国家が何かをしてくれるのを待つという受け身の姿勢でいると、いつまでも満足することはできず、国家も国民も幸せにはなれない。反対に、国家のために何ができるかと考えている国民は、常に国家に対して積極的に関わっており、自己実現の欲求を満足できる状態に入ることができる。結果として、国家は国民が成り立たせているという思考が生まれ、国家に対して責任を持つことができる。国民にそういう意識が生じると為政者は国民に対して正対する必要が生じ、国家と国民の間にいい意味での緊張感が生まれ、国家も国民も幸せになれる。このように解釈することが可能である。

フランクルのところに来た二人の男は自己を他者から受け取ることによって、他ならぬ自己の生命を得たのである。あるいは、生きる意味を他者から贈られたともいえる。この二人の男における視点の転回はどのようにして可能になったのか。それを探るにはフランクルが主張する「唯一性と責任性」という重要な概念に対する理解が必要になるので、二人の男の話を続けることにしよう。

三　唯一性と責任性

フランクルは次のように述べている。

「個々の人間を特徴づけ個々の存在に意味を与える唯一性や独自性は創造的な仕事に対してあてはまるばかりでなく、また他の人間とその愛に対してもあてはまるものである。この各個人がもっている、他人によって取り換えられ得ないという性質、かけがえがないということは――〔それが〕意識されれば――人間が彼の生活や生き続けることにおいて担っている責任の大きさを明らかにするものなのである。待っている仕事、あるいは待っている愛する人間、に対してもっている責任を意識した人間は、彼の生命を決して放棄することはできないのである。彼はまさに彼の存在の『何故』を知っているのであり――従ってまた『殆どいかなる如何に』にも耐え得るのである」(『夜と霧』より)

このように、一人の男は彼を愛する子供から、もう一人の男は彼の仕事から待たれていた。彼らはそれぞれに、まさに「この人」でなければならない唯一の存在であり、他人によって取り換えられないかけがえのない存在であった。この代理不可能性は同時に、まさに彼らだけが果たすことができ、また果たさなければならない独自の責任性を彼らに課する。このように各人の唯一性と責任性とは切り離し難く結びついているが、さらにそのことが各人の存在の「なぜ」(理由)、即ち、存在の意味と結びついている。各人はそれぞれ唯一の存在であり、それ故にその人のみに課せられた責任があり、そしてそのことがその人に存在の意味を付与するのである。

このことが、人間の存在にとっていかに決定的なことであるかは、限界状況ともいえる強制収容所にあって、前述の二人の男を支えたものがそれであったことからも明瞭である。

これは我々の人生においても同様である。友人同士や、親子、夫婦などの人間関係において、お互いのかけがえのなさが相手に対する自己の独自の責任を明らかにするのである。

卑近な例で恐縮であるが、私の叔父のことを取り上げてみたい。叔父は、第二次世界大戦中、ラバウルで死の行進に加わり九死に一生を得て昭和二十一年五月に復員してきて百五歳まで元気だったが、一昨年亡くなった。近衛兵だったので、昭和三年、京都で御大典が挙行された折には、天皇陛下の警護の役を務めたこともある。太平洋戦争では北満州からニューブリテン島の東端にあるラバウルに転戦し、昭和十九年二月、「ツルブ撤収、ラバウル集結」の命に従いツルブからラバウルに向けてジャングルの中を九十日間も歩き続けた。病に罹った者の中には川を渡ることができない者もいて「殺してくれ」と言うが、誰も手を貸せなかった。まさに死の行軍であった。

叔父は行軍の途中、三八銃の重みに耐えかねて銃を捨てた。三八銃は明治三十八年、日露戦争の時にも使った銃で、私にも経験があるが非常に重く銃身には菊の御紋章が入っている。これを捨てる決心をしたということは、叔父は死を覚悟した上でのことだったと思う。当時の厳しい軍律下でしかも近衛兵の身分であったことから推察すれば、叔父にとっては自決するか銃を捨てるかの瀬戸際の選択だったと思う。北満州からガダルカナル、そしてツルブ。次にラバウルへと過酷な転戦の中で生きる望みを支えてくれたのは、かけがえのない肉親との絆であったと思う。叔父が書き残した自身の戦記の中に次のような言葉と短歌があった。

「戦争中での印象深い体験の一つは戦地でも自由に短歌を詠むことができるということであった。検閲が厳しかった内地への手紙も短歌にして送れば問題なかった。

露しげき秋草の野に屯《とん》して
古里《ふる》遠き人ぞ恋しき

この短歌に対して妻からは、

由々しなる時に会いたり君も行き
母となるべき身をおもふかな

と送られてきた」

フランクルは、『夜と霧』の中で、アウシュヴィッツの体験談を次のように書いている。

「ナチスに銃剣で追われて雪の道を作業に駆り出されて歩いていく時のことだ。愛妻も捕まって別の小屋に入れられていた。あとでわかったのだが、その時には、夫人はガス室で殺されてしまっていた。ところがそんなことも知らないで歩きながら友たちと『自分たちは今、銃剣に追われて雪の中を歩かされている。この悲惨な体験を妻には味わわせたくないね』と話をした。その時雪空に夫人の顔がちらりと浮かびやさしい眼差しで『しっかりしなさい』と励ましてくれているような気がした。こんな極限状態のなかで夫人の顔が見えた時に、彼は『人間の存在というものの意味がわかった。人間は愛が無ければ生きてゆけないのだ』と初めて悟った」

そしてまた、次のように記している。

「愛は一人の人間の身体的存在とはどんなに関係が薄く愛する人間の精神的存在とどんなに深く関係しているか」

「人間は——瞬間であれ——愛する人間の像に心の底深く身を捧げることによって浄福になり得る」

私の親族の例が出たついでに従姉《いとこ》の太平洋戦争での体験も紹介しておこう。戦争中、恋愛結婚をしたが、新婚一年もたたない内に夫の笠原寿《かさはらひさし》は出征し、ラバウルにおいて戦死した旨の公報が来たが遺骨はなかった。従姉秀子《ひでこ》は、夫は必ず帰ってくると信じて、夫が出征してすぐに生まれた愛児とともに帰りを待ち続けていた。その後、夫の戦友が訪ねてきて夫が戦死した時の状況を詳しく話してくれた。米軍の猛烈な爆弾攻撃に遭遇し、身体は影も形もなくなるほど木《こ》っ端《ぱ》微《み》塵《じん》となったために遺骨を収集することができなかった。私はこの目で見たのだから、奥様がいくら待ってもご主人は帰ってきませんよ、と親切に報告してくれたが、それでもなお、従姉は最愛の夫を待ち続けた。つかのまの新婚生活で確かめ合った固い愛の絆を胸に、夫との愛に徹し一昨年九十歳で亡くなった。

　美人だった従姉には、周囲の人たちから再三再婚の話が持ちかけられたそうであるが、一切受け付けなかった。明るい朗らかな性格で、戦争さえなければどんなにか立派な家庭を築いていたことかと悔やまれてならない。

　従姉のこの純愛の生涯を思うたびに、フランクルの『夜と霧』に記されている悟りの心境を思い起こす。

「愛は結局、人間の実存が示す最後のものであり、最高のものである。詩と思想と信仰が表現すべき究極のものは愛による救いなのだ。たとえ何一つなくても、愛する人の像に心の底深く身を捧げることによって、人は幸福になりうるのだ。愛する人間の精神的な像を想像して、自らを満たすことができる。愛というものは、一人の身体的存在とはほとんど無関係であり、愛する人間の精神的存在と著しく深く結びついている」

「愛は死のように強い」（旧約聖書）という真理をフランクルは深く理解していたのであった。

四　人生における四つの価値

フランクルは『現代人の病―心理療法と実存哲学』という著書の中で、人生には三つの価値があると述べている。

「人生は次の三重の方法で意味あるものとすることができる。第一は我々が何を人生に与えるかということを通してであり（創造的仕事において）、第二は何を我々がこの世界から受け取るかということによってであり（我々が体験する価値において）、第三は我々が改善する余地のない宿命に対してとる心的態度を通して（不治の病や手術不可能な癌、又はそれに類似した場合）である」

これら三種の方法がそれぞれ「創造価値」・「体験価値」・「態度価値」に対応する

ものであって、次に実例を挙げながら説明を加えていくことにする。

(1) 創造価値

創造価値といっても芸術家が生み出すものだと決めつけてはいけない。例えば、どんな職業であっても規模の大小にかかわらず、その職業が長く人々のお役に立っていて、皆からその存在を喜ばれているかどうかでその職業の成長が約束されるのである。そうして、その仕事はその人だけが果たすべきものであり、各人の唯一性と責任性は切り離し得ないものである。さらにそれらが各人の生きがいとも切り離し得ないのである。まさに、自己にだけ課せられている責任があり、その責任を果たすことが自己の生きがいであり、自己存在の意味の実現に他ならない。つまり、生きがいとは自己固有の使命感を持ち、それを達成することである。

これが前述の「我々が何を人生に与えるかということを通して」実現される価値、具体的には「創造的仕事」において実現される価値である。

それでは、このような使命感とその達成がなぜ「創造価値」の実現なのであろうか。

フランクルによると、芸術家が雑念を捨てて一心に自分の仕事に専心する時、精神的には無意識が働きインスピレーションが湧き出るということであり、これを彼は「無意識の有する芸術的創造力」と呼び、また「摂理（神意）」とも呼んでいた。自分の仕事に熱中し、我を忘れて打ち込むことによって、かえってその人の真の個性が表現されるということは、個人を超えた力が個人を通して働いているということであり、フランクルはそれを「摂理（神意）」を見たと表現しているのである。これは実際に体感した人でないと、「神意」であるとか、神の業が個人を通して働くといっても理解し難いと思う。そこで、作曲家モーツァルトの例を挙げて説明してみよう。

まず、芸術家として、また現役のチェンバロ奏者として、スペイン文化省のグラシアン基金から毎年助成を受けてスペイン音楽やクラシックの名曲の演奏会を開催し、「歴史と音楽を学ぶ会」の主催者でもある寺岡勝巳《てらおかかつみ》氏の体験談を紹介することにしよう。

寺岡氏は、クラシック音楽のレコード蒐集家《しゅうしゅうか》としても著名で、大学での専攻は理系であったが学生時代から始めたチェンバロは、現在ではフランスで名器と称せられる逸品で演奏するほどの力量をお持ちである。氏は、常々「僕は音楽と結婚したようなものだ」と言って、もう六十歳を過ぎているのに独身を通し、音楽への造詣は尋常ではない。そうして、「モーツァルトやバッハを演奏してみて、音は一つであるがモーツァルトやバッハでないと不可能な旋律がある。余分なものを脱ぎ捨てて言葉に置き換えられるのであれば音楽はいらない。神の摂理、真理に触れた演奏は神の言葉であると思う。人間を超えた何かがある、そういうものを伝達するために、音楽がその人を選び作曲させているとしか思えないような旋律がある。これは実際に演奏してみてわかることだ」と自身の演奏経験を通しての感想を述べている。

モーツァルト(一七五六〜一七九一)は満五歳で最初の作品「メヌエット」(ケッヒェル番号1、略語K.1)を作曲してから、わずか三十六歳でウィーンで死ぬまでに実に六百二十六曲の作品を書いている。西欧音楽の源流はローマ・カソリックの聖歌であって、神を賛美する道具であった。満六歳のモーツァルトが神童としてもてはやされたのはピアノ演奏の技術によってであった。オーストリアの各地の演奏旅行を続けていた音楽家の父親がある日帰宅すると、幼いモーツァルトが楽譜にインクを落としながらソナタをコンチェルトに編曲しているのを見て驚いたそうである。

翌年、七歳の時にはドイツ、ベルギー、オランダの諸都市及びパリとロンドン、さらにスイスを回った。これは三年以上に及ぶ長旅で、王様の宮廷での演奏の外に数多くの公開演奏会を行い名声を博した。ヨーロッパ中に作曲家としての地位を確立するきっかけとなった演奏旅行であった。

モーツァルトの伝記はここまでにして、この節のテーマである「創造価値」に話を戻そう。純粋な芸術的「創造価値」というものは、それを見たり、あるいは聞いたりする以前と以後では、人間の根底が変わるものでなかったら、それは所詮道楽である。人間の知識や技術での創作には自《おの》ずと限界がある。それをさらに高みへと引き上げるもの、いわゆる人知を超えたものを持っていないと仕事ができなくなる、芸術は技である。しかし、いくら技を極めても最後のところが充実しないことのほうが多い。「それが何であるかわからないが、私は哲学であると思う」と寺岡氏は言う。ところで、氏はシューマンの曲だけは演奏しないことにしているそうである。その理由は「自分がこの曲の虜になってしまうような魔性を感じ、後《のち》に何かを感じ体が熱くなって生きづらくなるので演奏しない」ということだ。それだけ、シューマンの曲には影響力があるということであるが、ちなみにシューマンはライン川に投身自殺をしている。

名曲を本当により深く感じようと思えば、何百回も聞き込み、感覚的に聞かないとわからないという。「それが音楽における創造価値の理解の仕方であり、モーツァルトからは愛を感じ、バッハからは宇宙の秩序を感じる」と寺岡氏は言う。『星の王子さま』ではないが、「一番大切なものは目に見えない」というように、「創造価値」なるものは、目に見えないが確かに存在し、人々に感動を与えるのである。

音楽と同じような「創造価値」が他の芸術にも存在する。例えば、日本画についていえば、最近では従来の写実から抽象へと急速な変化をしているが、「創造価値」の存在はさらに進化を遂げている。まだまだ、抽象への入り口に入った程度であるが、抽象絵画の元祖、カンディンスキーでも一足飛びに変化したわけではなく、徐々に進化したことは彼の初期からの作品を順を追って見ていくとよくわかる。

美の芸術価値を追求していくとたどり着くところは抽象の世界になると思うので、現在の変化のスピードは適切だと思っている。それは、天才にありがちなことであるが、世間というものは愚鈍なものであるが常に正確な判断を下す。しかし、判断を下すまでに時間がかかるので、大概はその天才の生きている間には間に合わない場合が多い。前述のモーツァルトの例に戻るが、彼は大衆に迎合しておれば、生涯裕福な素晴らしい天才作曲家として誇り高い人生を約束されていたと思う。しかし彼は、やむにやまれぬ純粋な芸術的創造価値を追求していったために当時の大衆には受け入れられず、後世に残る不朽の数々の名作を残しながらも亡くなる時は実に哀れなものであったことはよく知られている。『赤い靴』の映画にもあったように、一度赤い靴を履いてしまった者の宿命なのだろう、生涯それを脱ぐことはできない。それが天からの啓示を受けた者の使命なのである。

工芸の中でも漆器の美術品で最近目からウロコが落ちる思いをした。それは「柴《しば》田是真《ぜしん》」の作品展であった。私が見たのは京都の相国寺において展示されたものだった。アメリカの蒐集家がスポンサーとして是真に自由奔放に作らせ、全作品を買い取りアメリカに持ち帰った作品群が今回、日本に初めて里帰りしたものである。柴田是真（一八〇七～一八九一）は江戸両国の袋物・煙草具商の家に生まれ、十一歳で古満寛哉に入門して蒔絵《まきえ》を学びはじめる。二十歳の頃には既に蒔絵を家業としていた。それから京都に遊学して四条派の画家岡本豊彦に入門し、頼山陽や香川景樹ら漢学・国学者と交流を重ね、三年後に江戸に帰って一家を構えた。そうして漆工、蒔絵、絵画と、さらに漆絵《うるしえ》を創始したのである。

私は今治市にある明治初期から四代続く漆器屋に生まれた。そのせいかもしれないが、漆器に関しては人後に落ちず、一見しただけでその産地と製造した年代を正確に見分ける鑑定眼を持っていると自負していた。ところが、是真の作品を見た時には驚き入り、感動に包まれ、とうとう一日中展示場から出られなかった。それから二年後に東京の根津美術館で是真の特別展があったので再度行ってみたが、これは国内で所蔵されていた百二十点ほどの作品の展示だった。だが、そこに展示されていた作品は相国寺で見た、アメリカ人の所蔵していた作品とはレベルが違っていた。それは実用品として作成したものと、初めから芸術品として作成したものとの違いであったが、それにしても私が今まで見てきた全国の漆器とは別世界のものであった。

私は生家の家業であったことから漆器製作の全工程を知っている。その経験から是真の蒔絵の独自性がよくわかる。彼の作品を質的に特徴づけているのは、洗練された〝粋〟と〝洒脱《しゃだつ》〟への志向性が強く出ている点で、絵画も含めてその芸術的創造力は世界に冠たるものであると確信した。私の郷里の今治市に無形文化財の「沈金師」がいて日頃商売でこの人の作品を仕入れていた。沈金と蒔絵を比較することはできないが、技術の難易度には格段の差があり、是真の技術のほうが高度かつ複雑で、繊細なテクニックを必要とすることがよくわかる。こうした高い技術的な壁を、是真が旺盛な創作意欲を発揮しつつ、自分の個性を縦横無尽に表現したさまが作品の一つ一つに込められていて感銘を受けた。そうして是真が我を忘れてこの漆《しっ》芸《げい》に没頭した姿まで想像できるのである。さらには、その作品から言葉や文字にできないようなオーラを感じる。これが「創造価値」の実現である。

これは是真の作品に限ったことではないということを裏付ける例がある。それは平成五年に愛媛県伊予市の伊予灘で開催された「海づくり大会」の式典に天皇皇后両陛下が行幸された時のことである。

愛媛県庁の主催で地場産業の工芸品の展示会を、道後の「ふなや旅館」の大広間で開催した。私の兄が漆器組合の理事長をしていたので、組合員の漆器職人渡辺修氏が作った漆器の香合を一点だけ出品していた。広い会場の中で直径七センチメートルほどの品であったから、とてもお目に留まることもないであろうと思いつつも、入魂の一品で、制作に要した日数は乾燥期間を入れると五年はかかっている作品だった。この作品が展示された場所は、砥部《とべ》焼の高さ一メートルもある花瓶の横の後方で、花瓶に隠れるように展示されていた。ところが両陛下が会場を一巡ご高覧された時、美智子皇后がこの香合の前でピタッと止まられ見ておられた。また一巡された時もこの香合の前で止まられ、三度目の時に女官をお呼びになって、この香合を三個ご所望された。それを聞かされた兄は翌日までにあと二個揃えなければならないと、夜を徹して漆器組合員の家を回って探したそうである。残念なことに同じものがなく、あとの二個はひさごで作った同格の香合をお買い上げ頂いたそうである。恐らく皇后さまは雅子妃殿下と他のお二方の宮様へ伊予路巡幸の記念のお土産にされたのではないかと推測した次第である。皇室においては、日頃最高の芸術品になじんでおられるので、その香合から醸成されている「創造価値」を、一目でお感じになったのではないかと推測した。

音楽や絵画や文芸も同じように作者が我を忘れて没頭することによって、かえってその人の真の個性が表現され、個人を超えた力が個人を通じて働いているということがある。それをフランクルは「摂理（神意）を見た」と表現した。そうしてこの個人を超えた力が個人を通して作品に注入される。これを前述のチェンバロ奏者の寺岡氏はモーツァルトの作曲を弾いていると、どうしても神の啓示があったとしか考えられないような人間の技とは考えられないような旋律があると表現した。そういう作品でなければ多くの人たちに感動を与えることはできないのだと思う。

しかし、この「創造価値」は前述のように芸術家でなければできないということではない。どんな職業であっても、それが単に収入を得るためというだけでなく、その仕事が人々から喜ばれその仕事を通じて自分が人間的にも向上できて生きがいを感じるような職業であれば、規模の大小や職種のいかんではない。無名の多くの人々によってこの世の中は支えられているのである。

(2) 体験価値

前述の創造価値は何かを創り出すという能動的な行為によって実現される価値であったのに対して、体験価値は何かを外部から受け取るという受動的行為によって実現される価値である。それは何かを体験することで実現される価値であって、自然や芸術や人間を愛することである。例えば前述の柴田是真の漆芸作品に感動したり、モーツァルトの音楽に陶酔して我を忘れた状態になったりして「自己超越」を引き起こし、受け身の形ではあるが、体験した価値を実現することができる。だから何かの理由で、創造価値を創り出すことができなくなった人、例えば加齢とか病気、あるいは障害などで体の自由がきかなくなった場合でも、体験価値は実現できるのである。例を挙げると切りがないが、私の強烈な体験をお話ししてみたい。

昭和三十年代だったと思うが、京都市美術館へ「モネ」の作品展を初めて見に行った時の衝撃的な印象が、私にはいまだに鮮明に残っている。その頃、私はモネの絵を画集や絵ハガキなどで何度も見ていたので興味があった。まず会場の一階にはモネの初期から年代を追って展示してあり、二階には最晩年までの作品を展示してあった。その中に百五十号ほどのキャンバスに描かれた睡蓮《すいれん》の絵が数点展示されていたが、その中のやや大型のキャンバスの絵の前で動けなくなるほどの「迫力」に圧倒されつつ見つめている内にやがて、その圧倒感は「恍惚感《こうこつかん》」へと変化していった。そうして、ずっとこの絵の前に佇《たたず》んでいたい気持ちになって暫くの間、近寄ったり離れて見たりしながらこの不思議な心境になるのはなぜだろうと考えてみた。

近寄って筆跡を見ると、睡蓮の白い花弁などは荒削りで、まるでペインティングナイフで塗りつけたように描かれてあり近くで見ると花には見えない。ところが、少し離れて見るとその荒削りの白い睡蓮の花が力強く生き生きとした勢いを醸し出し、これは生きている睡蓮だと思えるような生命力を感じた。それは、モネが睡蓮の本質だけを取り出し、あとのものは削《そ》ぎ落とすことによって表現しようとした純粋な美へのこだわりが私に伝わると同時に、その絵を通してそうした作家の生きざまを見せつけられた衝撃でもあった。だが、この絵からなぜ私が心地よい豊かな気分になるのか、この絵のどこに人を恍惚感に引き込む魅力があるのか、その秘密を暴くように考えてみた。それはモネに聞いてみないとわからないことではあるが、私が推測して得た結論をひと言で言えば「天地自然の法則に合っている」からだと思う。このように表現すると、この絵のどこが天地自然の法則に合っているのかという質問がくると思うので、もう少し具体的に説明すると、「天地自然の法則」とは宇宙の根本原理に添っているということであって、モネが必ずしもそんな意識を持って描いていたとは思わないが、結果としてこのようになっているということである。

では、「宇宙の根本原理に添う」とはどういうことだろうか。我々が生存しているこの地球も太陽系の中の一つの星であって、この広い宇宙には銀河系その他無数の星がひしめいているが、この天体には森羅万象一定の法則が存在している。これを「宇宙プログラム」と称する科学者もいる。

我々の意識もこの宇宙の根本原理に添ったように統一しておれば宇宙の中の一員として一番フィットしているわけだから居心地がいいはずである。これを西田哲学では「宇宙の根本原理に基づく意識統一」と称している。地球上ではこの法則に基づいて四季がめぐってくる。例えば、農漁業その他の行事もこの四季の序に合わせて行われている。我々人間の意識もこの「宇宙プログラムの智慧」を意識する修業をすれば、心が澄み、煩悩がなくなり、脳波はθ《シータ》波になる（一六九ページ、図7「脳波と意識の状態」参照）。これは人間が「悟り」の状態に近い心理になることであって、このような時、我を忘れて絵筆をとり製作三昧になると、対象物の根底にある普遍的な美の存在に触れることができるのである。

以上、モネの絵から受けた私の体験の例を挙げたが、別にモネに限ったことではない。日本画においてもこうした作品を生み出した作家は数多く存在する。そうして、それらは各々に個性があって、美の表現は一人一人皆違っているものの、無意識の内に意識統一が働き、無我夢中で描いた絵は一見しただけですぐわかる。それは対象物の本質がずばりと出ているからである。

このように我々が芸術作品を見た時に追体験をするのは、その作品に普遍性があるからこそ、作者が創作した時に感じた美を誰もが追体験するのである。

美の普遍性のもう一つの例として、日本画家高山辰雄の例を挙げたい。明治四十五年に大分県で生まれた高山は九十五歳で亡くなったが、その前年まで精力的に描き続けた。東京美術学校を首席で卒業した高山だが、画家の山本丘人から言われたひと言で本当に描きたいものがわかったと言われている。そのひと言とは「物が写実的に描ければそれでいいのか？」という言葉だった。この言葉に強いショックを受け、それ以来、試行錯誤を重ね三十四歳の時に「浴室」を描いた。この絵は一見写実のようであるが、浴室の裸婦二人と湯気の間に秘密が隠されている。浴室には二人の人物以外は何も描かれてなく、浴室の上下が暗く中央が明るい。裸婦の肌や膝の際は線として描かれておらず、高山独特の個性的な表現である。美の本質を見据えた普遍性を内在している。

その後六十歳で画風を変化させて、従来と全く違った描き方を生み出した。岩絵《いわえの》具《ぐ》を絵筆で画面に打ちつけるような描き方で輪郭がない。これは日本画が抽象化に変化していく先鞭を切った絵のように私は思う。以後、日本画の大きな流れは抽象化へと進化しつつあり、院展の吉村誠司などは今までの日本画から脱皮したような斬新な画風で美の本質を表現し、彼の絵から我々は美の追体験価値を得ることができる。

また、体験価値は芸術作品以外にも、大自然から多くを得られる。しかも、老若男女を問わず、体の不自由な人も病気の人も全ての人が、公平に得ることができる。宇宙の万物においては、大きな調和からなる秩序が守られていて、この大自然の統一された無限の大きさに包まれ溶け込んでいくと、不思議な陶酔感に浸ることができて、言葉では表現できないような快さを誰もが体験できる。

私は毎年春になると街の喧騒を離れ、近江の比良山麓に出かけることにしている。ここには自然がいっぱいあって、雲雀《ひばり》ののどかな声を聞いたり、比良山の雪解け水の小川のせせらぎの音を聞いたりする。土手には土筆《つくし》が出揃い、大自然の燃えるような生命力と、湧き出る息づかいを感じることができて、それに命が呼応する喜びに包まれると、まさにうつつの浄土を体感する思いである。その時、いつも口ずさむのは『万葉集』の次の歌である。

御民《みたみ》われ生ける験《しるし》あり天地《あめつち》の
栄ゆる時にあへらく思へば

天犬養岡麻呂の歌

大自然からの体験価値はこの外にも海や山、川、湖などはもとより、小さな一輪の草花にも自然の生命の営みを聞きとり、我々自身が体得することによって我々自身も生かされる。それが体験価値であって、単に自然の生を体験するだけではない。その実例としてフランクルは強制収容所で体験した次のことを『夜と霧』の中に書いている。

「強制収容所で亡くなった若い女性のこんな物語を。これは、私自身が経験した物語だ。単純でごく短いのに、完成した詩のような趣《おもむき》があり、私は心をゆさぶられずにはいられない。

この若い女性は自分が数日のうちに死ぬことを悟っていた。なのに、実に晴れやかだった。

『運命に感謝しています。だって、私をこんなにひどい目にあわせてくれたんですもの』彼女はこのとおりに私に言った。

『以前、なに不自由なく暮らしていた時、私はすっかり甘やかされて、精神がどうこうなんてまじめに考えたことがありませんでした』

その彼女が、最期の数日、内面性をどんどん深めていったのだ。

『あの木が、ひとりぼっちの私のたったひとりのお友だちなんです』

彼女はそう言って病棟の窓を指さした。

外ではマロニエの木が、いままさに花の盛りを迎えていた。板敷きの病床の高さにかがむと病棟の小さな窓からは、花房をふたつつけた緑の枝が見えた。

『あの木とよくおしゃべりをするんです』

私は当惑した。彼女の言葉をどう解釈したらいいのか、わからなかった。譫妄《せんもう》状態でときどき幻覚におちいるのだろうか。それで私は、木もなにかいうのですか、とたずねた。そうだという。ではなんと？　それに対して彼女はこう答えたのだ。

『木はこういうんです。私はここにいるよ、私は、ここに、いるよ、私は命、永遠の命だって……』」

この一節と同じように植物と対話する人と私は懇意にしている。西宮市に住む先輩の奥様であるが、花が好きでいつも鉢植えの植物と話をしながら育てている。この人の友人が、何年たっても咲かないサボテンの花をこの人に預けたところ見事に咲いたそうである。この話から、人と植物との命の交流ができるということがわかる。先輩の奥様とサボテンとが一体になることによって相互に生かされているのである。植物を愛する心が命の交流となってこの奥様自身も生かされている。それが真に生きた体験価値であって、単に自然の生を体験するだけではない。

フランクルは数日内に死期がくる若い女性は譫妄《せんもう》状態にあり、時々幻覚に陥るために木と会話するようになったのではないか、と当時は思ったようであるが、現在では植物や愛玩動物とのふれあいによって神経症の治療に効果的であることがわかってきた。世界的に注目されるようになっていることからしても植物との対話は珍しいことではなくなっている。

フランクルの話に出てきた、死期の近いこの女性は「永遠の命に触れる」ことによって一体となり、自分が永遠の命となって安心して静かに死を迎えたのではないかと私は推測する。これは一種の「悟り」の状態ではないかと思う。なぜかというと、この女性は死を前にして「実に晴れやかで、運命に感謝しています」という言葉からわかるように、最期の数日間において内面性をどんどん深めていったということが判断できるからである。本人は自覚してなかったかもしれないが、天地自然の法則に添った意識統一がなされ宇宙プログラムの智慧が働いたことで「悟り」の心境になったのだと思う。

(3) 態度価値

私はある日、全く面識のない人から厚い手紙をもらったことがある。何かの宣伝だと思ってゴミ箱へ捨てようとしたが、何だか気になったので封を開いてみると、便箋に七〜八枚ほど小さい字で書いてあった。どうも宣伝ではないようなので目を通してみると、私がＮＨＫ教育テレビの全国放送で三十分ぐらい話をした内容についてのことであった。

その方も私の意見に大賛成であるという旨のことが書かれていたので、早速にお礼状を出したところ、以来、文通で親しくなった。何度か書翰《しょかん》の往復をする内にその方の会社の社内報を毎月送って頂けるようになって、その方が「蛇の目ミシン」の嶋田《しまだ》卓彌《たかや》会長であることがわかった。その後も数年文通が続いたが、ご高齢のために病気で入院されてしまった。だが、毎月送って頂く社内報の会長欄には、この人が病人かと思われるような実にユーモアたっぷりで愉快なコラムを投稿されておられた。

ある月から社内報が送られてこなくなったので悪い予感がした私は、社内報を参考にして会社に直接連絡をとってみた。すると、やはりご長寿を全うされたとのことだった。私が嶋田会長から感銘を受けたことは「態度価値」というものである。送って頂く毎月の社内報には、社員が書いた嶋田会長の病院生活のことや、病院のナースの投稿もあって嶋田会長の一部始終がよくわかった。死病を得て入院され、痛みや苦しみもあって気分もふさぎがちになっているはずなのに、実に明るい記事ばかりだった。ナースも嶋田会長の部屋へ行くのを楽しみにしていたそうで、その話を目にするだけでも、病院中を明るくされていたことが想像できる。私は残念ながら会話を聞くことはできなかったが、恐らくナースたちも笑い転げるようにして嶋田会長の部屋を出ていったのではないかと思う。

病人でも自分の態度一つでいかようにもできる。病院のスタッフのみではなく、家庭の人やお世話になる方を明るい気分にして自分もプラス発想で元気になることが可能なのである。体の自由がきかなくても言葉や、ちょっとした心づかいを込めた態度を見せるだけで感謝の気持ちを表すことができるし、態度も自由にならなければ笑顔だけでも気持ちは表せるし、目だけでも気持ちは通じる。

私は嶋田会長との面識はないが、周囲のお世話になった方たちへの感謝の「態度価値」は三十年を経た今も心に残り、人の誠の心というものの影響力を今更のように再認識させられた。

以上がフランクルの言う三つの価値だが、私はもう一つ別の価値があると考えている。それは「存在価値」というものである。

⑷存在価値

釈迦の伝説の一つに「天上天下唯我独尊」という有名な言葉がある。これを世間では間違って解釈している。「自分ほど偉い者はいないと自惚《うぬぼ》れる人」の形容に使われているがそれは大変な誤解である。本当の意味は、人は生まれながらにして絶対的な存在価値があるということを言っているのである。この世に生を受けた全ての個人、一人一人の存在そのものが唯一のかけがえのない絶対的な価値があるということである。だから他のもので代替できるものは存在価値とは言えない。

前述のようにフランクルは「創造価値」と「体験価値」と「態度価値」と三つの価値は何らかの行為によって表現される価値であるとしていた。「存在価値」は何の行為も行わず、ただそこに生きているだけの存在であって、そこに何の価値があるのだろうか。本書が生きる目的をテーマにしている以上、この問題は避けて通れない。それは次のような人たちの生きる意味について説明しなければならないからである。例えば乳幼児も、その母親にとっては何物にも代え難い存在であり、また、寝たきり老人や痴呆症《ちほうしょう》の人も本人の子供や肉親にとってはかけがえのない存在であろう。

また、老人ホームなどで身寄りのない孤独なお年寄りなどの存在価値は人間関係が問題となる。以前、郷里の老人ホームに知人が入ったというのでお見舞いに行ったことがある。ちょうど折り紙遊びの時間で、男性職員の指導で色々な折り紙細工をしていた。郷里のことなので、たまたま別の知人がいた。「久し振り」と声をかけて私の名前を言うと、先方も私のことを思い出してくれて「私はあんたの妹さまに小学生の時ラブレターを出したのに、いまだに返事をもらっていない。今度、妹さまと会ったら僕が七十年間返事を待っていたと言っておいて」と言うので、皆が大笑いした。「こんないい所でのんびりできるなら僕も早よう入りたいわ」と私が言うと、皆、折り紙細工の手を休めて「空いた部屋があるから早く来て来て」と大歓迎を受けた。

職員の先生が指導中であったのに、突然飛び入りで邪魔をして悪かったなと思ったが、それまでの部屋の暗い雰囲気が一変して明るくなった。身寄りがなくて孤独だなどと言う前に、心がけ次第でどんなにでも明るく楽しくできる。毎日顔を合わせている皆を友達にしたり、職員を友達にしたりすれば身寄りがなくても、あるいはたまに来てくれる身内より、毎日がはるかに楽しくなる。そんなことを言っても老人ホームには認知症の人もいて反応が悪いのだという反論があるかもしれない。だが、そういう人にはさまざまな対応の仕方がある。例えば回想法などは有効だ。歌を歌うことなども認知症の人たちも楽しんでいるようだ。

フランスで三十五年くらい前から、イヴ・ジネスト氏が始めた認知症の方のためのケアで効果を上げている「ユマニチュード・ケア」という方法があり、国外にもそのテクニックが普及しているようである。NHKのドキュメンタリーで紹介されたので見た人も多いと思う（二〇一四年二月五日放送）。

どのようなものか簡単に説明すると、次の四つのポイントがある。

一 見る、二 話す、三 触れる、四 立つ

まず、一は、高齢者は視野が狭くなっているので、正面から見つめるように見る。二は、彼らにやさしく話しかけないと、自分が無視されているように思って心を閉ざしてしまう。三は本人をエスコートする場合でも手首を持って支えると恐怖感を持つので、つかむ形ではなく下から支えるように触れる。四は腕を持って引き上げ

るのではなく下から支えるようにして立たせる。

入院して認知症が進んだ人でも、見つめて優しく話しかけ、触れてあげると呼びかけに答えてくれるようになり、三十分の間に意欲が蘇って、以前の社交的な行動を自分で始めるようになり、自分の足で歩くようにまでなるという。要するに愛情を持って接することと、ケアする人との絆が決め手のようである。

私の妻も両親を介護した経験があり、大変なことは身にしみて知っている。だから私も介護されるようになった時は、前述のした嶋田会長の例のように、介護者への気遣いを旨としようと今から肝に銘じている。介護される側も当然のような態度であると、互いにというものが生まれない。

これに関しては第五章の釈迦の仏教から見た「生きる目的」の項で述べるが、「無明」をなくすことで実現できる。ただし、「無明」をなくすためには、日頃の心がけが必要である。日々修行である。とにかく人生前向きに生きていこうとすれば「生きる意味」は初めから誰にでも与えられているのだ、とフランクルが言っているように、どんな人にも存在価値を見出すことができるのである。

次に障害児の問題を考えよう。どんなに科学が進んだとしても人口のおよそ二％は何らかの障害を持った新生児が生まれるそうである。ある牧師は、それは人々に優しさを教えるために神さまが私たちにくれたプレゼントであると言っている。

私もある障害児を持つ母親を知っている。このお子さまは生まれた時から障害を持っているが、親子共に性格が普通の人より明るくて話していても楽しい。家庭に障害を持つ子がいれば何かと苦労も多く、生活に疲れ切った感じをその家庭から受けると思いがちだが、この親子には暗い影など微塵もない。むしろこの母親には、この子のおかげで普通の人よりもっと大きな視野に立って人生を見通すことができたから、人間性にどこか豊かさを感じることがあり、さらに深い味がにじみ出ているようにも思える。とても浅薄な我々には真似のできない人間性をこの母親はお持ちなのだ。障害児の誕生を後ろ向きにとらえて運命を呪い暗い人生を送るのではなく、その運命を受け止めて前向きに生きていこうとする両親の姿勢が、子供の明るさに通じているとも思う。この家族には筋金入りの強さを感じる私は常々尊敬している。

以上に述べたようにフランクルの心理学は絶対的な人生肯定の立場に立っていて、本章の冒頭で述べたように「意味による癒やし」の心理学である。そうして人生には三つの価値があり、どんな人もこの中のどれかの価値を持っていることによる存在価値があるというのがフランクルの到達した結論である。

一九四五年四月二十七日、フランクルは収容所から解放され、一年後に赤十字の支援を得て家族の消息を知ることができた。父はテレージエンシュタット収容所で、母はアウシュヴィッツのガス室で、そして最愛の妻は、悪名高いベルゲン・ベンゼンの強制収容所で命を奪われていたことを知ったフランクルは大きなショックを受けたが、この打撃を乗り越えて、解放された翌年の一九四六年には『死と愛』を刊行し、そのすぐあとに『夜と霧』を二、三週間で書き上げた。

第三章
いじめ問題と「生きる目的」

一　まずは窮状を救うことが先決

「強くなくては生きてはいけない。優しくなければ生きていく資格がない」と言ったのは、アメリカのハードボイルド作家レイモンド・チャンドラーが小説の中で主人公の探偵フィリップ・マーロウに言わせた台詞である。しかし、今「いじめ」を受けている本人は優しさどころか生きる資格を奪われようとしているのである。

例えば、燃え盛る火事の現場で、柱をどこに建てようかという話をするのは場違いであるように、今この時に人の命に関わる問題が発生していて、一刻も早く救済の手を打たなければ尊い命がまた一つ消えるかもしれないという時に、いじめの原因は何だ、生きる力が弱いのだなどと、したり顔で論じても全く無意味なことである。まずは命を確保した上で、いじめなど精神的な圧力を克服できる力はあとで身につけさせれば良いのである。

自らの命を絶つということは、どんなにか苦しみ抜いた末の結果であるかということを想像してみてほしい。正常な意識状態から外れ、人間のまともな思考回路が失われてしまっている状態にあることに我々は思いをはせねばならない。精神的にも肉体的にも限界を通り越してしまって絶望しかなく、死ぬことが今のこの苦しみから逃れる唯一の手段であると思い込んでしまって、死への道をたどるのである。

本人は一種の譫妄状態であるから、死ぬことの是非を判断する能力など既に失ってしまっている。それ故にありきたりな意見など本人に通用するはずがない。苦しみ抜き、袋小路に行き詰まり夢遊病者のようになって自殺してしまうのである。人の命に関わる問題だからこそ、一刻も早く救済の手をさしのべなければならない。そこまで追い詰められた者にとっては、自力で立ち直ることは難しいに決まっている。

教師や保護者が、今すぐ手をさしのべてあげることが喫緊の義務であるのに、野放しにしていることは無責任極まりない。子供が自殺をしてから、学校が、教育委員会が、先生が、と繰り言を言っても取り返しのつかないことなのである。そのような非難をする前に親は、どこまで子供の話を聞こうとしたのか、子供の様子の変化を注意深く観察していたのか、それが問われている。子供にとっては親が絶対的な、最後の砦であるという自覚が足りないように思える。

教師が率先して生徒のいじめを助長しているケースもあるが、このような教師は言語道断であり、現在の日本の教育界におけるひずみを感じる。

この「いじめ問題」でいつも不思議に思うのは、いじめているほうの生徒たちは明らかに犯罪行為を犯しているのに、なぜ学校は隠蔽してしまって闇から闇へ葬ってしまうのかということである。そのために次の新しい悪の芽を生み出していることに気づかないその鈍感さが理解できない。

責任転嫁と自分たちの保身術のなせる業なのだろうが、このような教師、教育行政にこれからの教育を託せるのか不安になる。彼らの無責任のために善良な青少年が犠牲になるのは絶対にあってはならないことである。

「いじめ」の中には、これが青少年がやることかと思われるような行為が平然と行われているのも気にかかる。陰湿な方法を用いて恐喝や窃盗を強要したり、暴力や器物破損によって精神的ダメージを連続的に与え、人を死に追い込むような行為はまさに人権の侵害行為であると言っても過言ではない。ところが、教師はいじめる側の生徒に対する指導を放棄している。教師の中には子供の人権を守れと声高に主張する者もいるが、彼らの守ろうとする人権はいったい誰のものなのか疑いたくなる。昨今のいじめ行為は明らかに刑事事件のレベルにある。したがって、いじめ行為として学校内で処理をするものではなく、刑法犯罪として対処すべきであるにもかかわらず、それすらしないからいつまでたっても根が絶えないのである。問題解決の鍵はここにある。早急に取り組むべきである。

いじめの行為は教師なり、保護者がいち早く発見して、校則に基づき罰則を科すことをしなければ根絶することは難しい。というのも、いじめ行為には次のような心理が働いていることが多いと思うからである。

二　いじめが継続する理由

物事の善と悪、それに付随する苦と快の四要素について考えてみよう。図3のように縦軸に善と悪をそれぞれ上下に分け、横軸に快と苦をそれぞれ左右にクロスにすると①の枠は善いことをすれば、誰でも快いし、その上褒められるとさらに意欲が湧くが、これは普通の状態である。②の枠は苦しいことであるが、善いこと、例えば修行や難しい業務などで実力が上がると、快さを感じるというケースで、これは優等生のやることとなる。③の枠は悪事を働いて、しかも苦しさを感じるということであるから、懲りて誰もしなくなる。問題は④の枠である。悪事を働いてしかもスリルがあって快さを感じるというのだから始末が悪い。これがいじめの心理である。いじめの全てがこの④の枠のケースとは言わないが、私にも④枠に当てはまる悪事を少年の頃に体験したことがある。

私の生家は海岸の近くにあり、少年時代のほんの一時期、工事用のトロッコで土木工事をしている現場があった。作業員が帰る時はトロッコを線路から外して帰る。私は四、五人の友達と集まって力を合わせてトロッコを線路に乗せて、それに乗って遊ぶのである。これがスリルがあって面白い。見つかると殴られるか大目玉を食うかであるが、友達もこの悪事の魅力にとりつかれて皆で楽しく遊んだ古い記憶が焼き付いている。ただこの場合、見つかった場

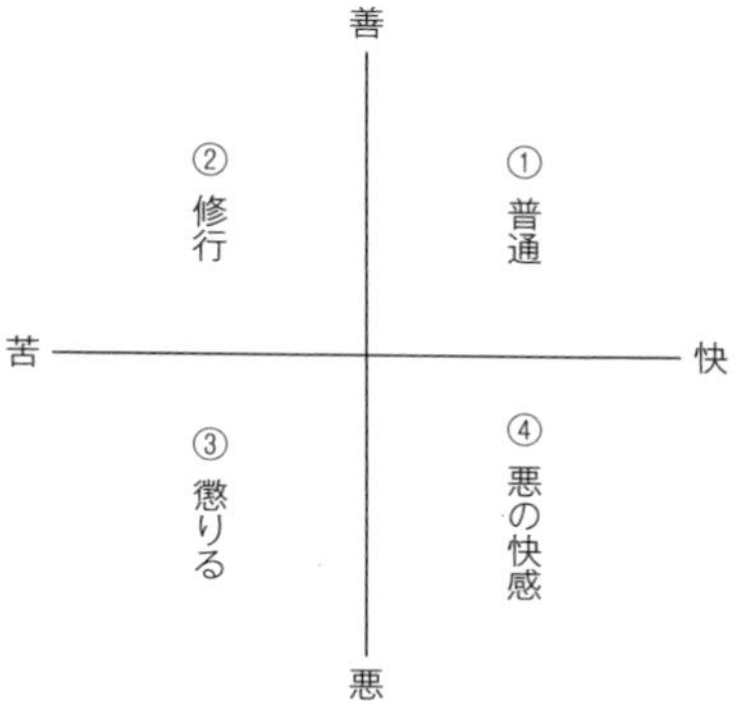

図３　善悪快苦マトリックス

合の罰則に対する恐怖があるので、やがて、そのような行為はしなくなっていった。

悪事を働けば、罰を受けて苦しい思いをしなければならなくなるということがわかってくると、③の枠に移行して誰もしなくなる。だが、罰則がなければ、悪事の快感を愉《たの》しむ少年は④に留まり続け、後を絶つことはない。

学校などでいじめを受けている本人が親や家族や学校に相談すればいいと簡単に言うが、そのいじめによって受ける精神的苦痛度が惨めであればあるほど、親などには言えない心理が働く。これはいじめを受けた経験者でないとわからないが、被害者の異常心理は、いじめに遭っていることを告げれば加害者からの悪質ないじめがさらにエスカレートすることに対する恐怖心を募らせることになる。

いじめを学校に相談しても何の対策もとってくれないという絶望感も出てくる。友人に告白するということは、本人にとっては「晒し者《さらしもの》」にされるような心理にもなる。さらに、自分のことを一番愛してくれている両親に自分がいじめに遭い、惨めな姿を晒しているということを想像させたくないという心理があって、親に気づかれないように隠そうとする。そのため、救いの道がなくなり、自殺へと衝動してしまうのだ。しかし、親であれば子供の些細な心境の変化に気づくはずである。いや、気づかなければいけないのである。例えば以前のような明るさがなくなったとか、話題が少なくなったとか、このサインをいち早くキャッチすることが、いじめ自殺対策の大きなポイントになる。

三　いじめを受けているサインに早く気づく

いじめに遭っている子供が発する「ＳＯＳ信号」を東京学芸大学の杉森伸吉准教授の研究室でリスト化して事例集にまとめたものが、平成二十四年十二月二十八日の朝日新聞朝刊に掲載されていた。これは学校において教員が認識できていなかった、子供の現状に気づくきっかけに役立たせるものである。家庭で家族が、子供の変化に気づく項目はこの他にも数多くあると思う。

カッコ内の数字は教師八十八人が「いじめ発見につながるか」について評価（六点満点）した結果の平均値である。

このような「ＳＯＳ信号」のリストもあるのだから、教員は皆で共有し、児童・生徒の変化にすばやく対応することが必要である。いじめによる自殺事件の中には、担任の教師がいじめをいじめと認識せずに放置していたケースが多々ある。周囲の教師はいじめではないかと気づいていたと言うが、それだけではだめなのである。

□ 他の子の課題などを肩代わりするようになる（4.48）
□ 体の不調を訴えるようになる（4.37）
□ 妙に暗くなる（4.37）
□ うつむいていることが多くなる（4.35）
□ 遠足や校外見学を楽しまなくなる（4.34）
□ おどおどするようになる（4.33）
□ 昼休みに廊下を１人でうろうろ歩く（4.32）
□ 何もかも嫌だと言うようになる（4.32）
□ 悲しそうな表情をすることが増える（4.31）
□ 友達の話をしなくなる（4.29）
□ 教職員の近くから離れようとしなくなる（4.29）
□ 持ち物をなくすようになる（4.29）
□ 他の子と席を代わるようになる（4.23）
□ 服が汚れていることが増える（4.15）
□ 授業中、他の子の発言の中で突然個人名を出される（4.15）
□ 教職員にばかり話しかける（4.14）
□ 我慢してみんなについていく（4.14）
□ 給食や掃除当番などで人気のない仕事をする（4.14）
□ 用事もないのに教職員に近づいてくる（4.12）
□ 笑っているときの顔がひきつる（4.10）
□ 班ノートや学級日誌に何も書かなくなる（4.09）
□ 友達に一方的に肩を組まれている機会が増える（4.02）
□ これまでと違う雰囲気の友達と付き合い始める（3.99）
□ ギリギリの時間に登校する（3.88）
□ みんなが帰るまで帰宅したがらない（3.86）
□ どんな遊びでも誘われると従う（3.84）
□ いつも本を読んでいる（3.71）
□ 理由もなく１人で朝早く登校する（3.61）
□ プロレスごっこの後、ぼんやりする（3.50）
□ 筆圧が弱く、弱々しい文字を書くようになる（3.49）
□ グループ学習で、毎回リーダーや班長になる（3.35）

※東京学芸大学杉森伸吉研究室作成

いじめSOS信号60

- □ 悪口が書かれたメモが回る (5.64)
- □ 物を隠される (5.51)
- □ 個人用ロッカーなどにゴミが入れられる (5.43)
- □ その子の持ち物を周りの子が触りたがらない (5.39)
- □ インターネット上に悪口が書かれるようになる (5.39)
- □「くさい」「チビ」など体に関する悪口を言われる (5.34)
- □ 作文などにいじめや死に関する内容を書くようになる (5.30)
- □ 持ち物に落書きや破損の跡が見られる (5.27)
- □ グループ分けで孤立する (5.21)
- □ 交換日記の中にいじめに該当する表現が見られる (5.17)
- □「のろま」「へた」など能力を否定する悪口を言われる (5.16)
- □ 髪の毛が不自然に切られている (5.15)
- □ 友達の使い走りをするようになる (5.09)
- □ 昼休みに１人でご飯を食べる (5.06)
- □ 体にすり傷やあざが見られる (5.04)
- □ お金や物品の受け渡しを行うようになる (5.00)
- □ 家にいたずら電話がかかるようになる (4.99)
- □ 朝、家を出たのに学校に来ない (4.92)
- □ 授業中に発表すると冷やかされる (4.90)
- □ 友達に悪口を言われているのに笑う (4.72)
- □ 遅刻．早退．欠席が増える (4.68)
- □ 用具．机．椅子などが散乱していることが増える (4.67)
- □ 泣いた後のような気配がすることが増える (4.66)
- □ 保健室によく行くようになる (4.63)
- □ 授業中に他の児童から発言を強要される (4.57)
- □ 隣の人の机とぴったりくっつけなくなる (4.54)
- □ 球技でパスされなかったり、パスが集中したりする (4.51)
- □ 遅刻．早退．欠席の理由を明確に言わなくなる (4.51)
- □ 心配そうな表情をするようになる (4.49)

教員全体が一人の児童・生徒を守るために担任の枠を超えて、対処すべきなのである。わが校にはいじめなどない、などというのは幻想であって、いじめはどの学校でも起こりうるという認識の下で、窮地に立って一人で悩み抜き、人に相談できない生徒もいるということを理解し、一刻も早く気づいて救済することが自殺防止の決め手になると思う。

四　いじめ問題をいかに克服するか――大津中学の例

平成二十三年十月十一日、大津市の市立中学校二年生男子生徒のいじめによる自殺事件も、市が設置した第三者調査委員会がまとめた報告書によると、担任や学年主任を含む複数の教師が自殺前からいじめを認識していたと判断した。そうして適切に対応していれば自殺は防げたと結論づけている。

自殺前の九月に、塾で同級生の一人に「オレ死にたいわ」と二、三回繰り返し、十月三日には、殴られてけがをしたために保健室に来たので養護教諭は担任に報告すると、担任は「とうとうやりましたか」と発言したという。そうして養護教諭はメモや口頭で担任や複数の教諭に対し加害生徒を指導する必要性を訴えていた。また十月五日、別の女子生徒がトイレで男子生徒が殴られているのを見て「止めに行ってあげて」と担任に訴えた。だが、担任が反応しなかったため、この女子生徒は副担任に助けを求めた。

同日夜、学年主任を含む複数の教諭が会議を開いて対応を検討した際、担任を除く複数の教諭が「これはいじめだ」と指摘したが認識の差は埋まらず、最終的に「けんか」と結論づけた。さらに十月七日には「死ね」とか「きもい」などの雑言を浴びせ、十月八日、本人の自宅の自室が荒らされていた。そうして十一日に自殺した。

（以上、平成二十五年一月三十日付け朝日新聞記事より要約）

当初学校や、市教育委員会は今回の自殺に関して、要因は家庭にもあるという虚構を作り上げた。それは、きちんとした調査をすることもなく、法的責任論のみを重視した隠蔽による責任逃れの弁としか思えない。その証拠に、調査をしてみると家庭には全く問題がないことが判明したそうである。

この中学校は道徳教育推進校に指定されており、「いじめ」はマイナスイメージになることを恐れたのかもしれないが、このように、学校も教育委員会にも問題の解決に正面から立ち向かっていこうという姿勢が全く見られないことは、教育者としてあるまじき行為である。尊い人の命がかかっていることに対する認識が全く欠如している。学校や教育委員会は、数多くの兆候がありながらもこの生徒を見殺しにしたのである。したがって、法的責任はとるべきであり、同時に文部科学省も早急に「いじめ」問題の対策を講じるべきである。大津市長は「いじめ対策推進室」を設置して学校・教育委員会の可視化を進める方針のようであるが、このような動きを一過性のものにすることなく全国の学校において制度改善に早急に着手すべきである。

本節の冒頭で述べたように、燃え盛る火事の現場で柱をどこに建てようかという話は場違いな話であって、まず目の前の火を消すことが先決である。いじめに苦しみ抜いて屈辱や絶望から生きる気力を失った生徒を一刻も早く救出することが先決である。

この大事なポイントをクリアした上で、正常な精神状態に戻すよう努力しなければならない。そうなってから、人生に不可欠の要素を体得するように指導していけばいい。さらに、長い人生においてはいじめなど比較にならないぐらいの幾多の苦難に必ず遭遇するので、これらを克服できる強い意志と能力を身につけさせておくべきである。

オルポートの法則というものがある。これは心理学者のオルポートが色々な実験の中で明らかにしたものである。道路の交差点に交通警官が監視している時といない時の差を調査したもので、監視している時は九十八％の人がルールを守っているが、不在の時は八十％に低下するというものであった。しかし、監視をしていても二％の人は違反をする。これは古いデータでしかも外国の数字であるから日本にそのまま通用するものではないが、監視があるのとないのとでは十八％の差がある。これはあらゆる規則に通用することである。

監視しないと守れないということは誠に不名誉なことであるが、大衆を律する上では欠かせぬことで、そこを疎《おろそ》かにすると悲劇が繰り返される。厳しい監視を続けていても飲酒運転による悲劇が後を絶たないことを見ても明白である。

まして、人材を育てる教育委員会や学校は見て見ぬふりをしたり、調査を丸投げしたり、事実を隠蔽したりすることは、どんな理由があろうとも、教育者として許し難いことである。

今現在もいじめに悩み、絶望の淵《ふち》に立って助けを求めている生徒が、全国にたくさんいるはずである。この子たちを至急救出すべきである。

子供からSOSが出ているにもかかわらず、学校が受け流したり、放置したりすると絶望から生きる気力を失い、人間や社会そのものに不信感を持ち、諦め、心に傷を残し、ひいては「いじめ後遺症」になるケースもある。このようなストレス障害を取り除き心身共に健全な状態に戻すことに専念しなくてはならない。いじめを克服できる強い精神力と能力を身につけるための訓練は、そのあとで良いのである。

そうすると人生の意味もわかり、本書の主題である「生きる目的」もわかれば生きる喜びを知ることができて命が輝く人生を送れるようになる。

学生の間は、親や兄弟や社会からの援助によって生活してきたが、実社会は自分の力で生活をしていかなければならない。それは百八十度の意識転換である。学生時代は他からの奉仕によって生きてきたが、社会人になると他に奉仕をすることによって自分の生計を立てていかなければならないのである。

人間関係なども学生時代とは比べものにならないほど複雑化し、そこに利害がからめば風当たりも厳しくなる。技術の差がその人の存在価値を左右する専門職もある。各業界の大中小の企業から自営業に至るまで力関係による不公平で理不尽な行為は数限りなく存在する。公務員や政治家ともなれば、自分の思いなど芥子《けし》粒のような存在でしかなくなる。特に国会における政治の世界は、魑魅《ちみ》魍魎《もうりょう》が跋扈《ばっこ》する世界であって、図太い神経の持ち主でないとまず務まらない。

現実社会の裏を知れば「いじめ」の悩みなどはとるに足りない、誠に些細な問題であるとわかる。だが、小中学生などは、世の中の巨悪を知らないから、今受けている暴力や屈辱が大きく映り、先生に言っても無視された絶望感から生きる気力を失ってしまう心理は私にも痛いほどよくわかる。しかし、それは大人に成長していく初期の段階の軋轢《あつれき》であるから、学校や親が救済してあげることが可能である。言葉を持たない動物でさえ命を張って子を守っている。

私は生涯、実業の世界で生きてきた。六十七歳で事業を副社長であった息子に譲ったが、その後も全国同業組合連合会の会長をはじめとして商工会議所二号議員など十の団体の会長を務めていた。この間、言語に絶するいじめや理不尽な言動に苦しめられた経験がある。私が実際に体験したこれらの事実を述べることによって、社会人になれば学生時代と違ってこんな苦難があるのだということを認識してもらえれば、学生時代よりもっと広い視野に立って社会を見られるようになれる。そして、苦難を克服するための能力をいかにして身につけるかもわかってもらえると思う。その基礎工事である「人生の目的」を明確に自分のものにすることができると、生きる意味が心からわかり、生きる喜びが湧き出るようになる。そうなると毎日が楽しく輝く人生となる。そうして今までの悩みは消え去り全てがうまく回りだす。これは第五章で詳しく述べるが「無明」が原因である。まずは私の体験記から始めよう。

五　実社会の「いじめ」の実体

私も学生時代に「いじめ」を受けた経験があり、忌《い》まわしい心の傷として生涯残っている。だがそれらは自殺を考えるような深刻なものではなく、実社会のそれと比べると比較にならないものであった。私が経験した実社会における他者の排除活動や、差別、村八分について事実を述べていこう。

実社会で受けた差別の洗礼は、敗戦により受けた戦犯という汚名である。戦争中、戦争遂行に協力したという罪で、公職に就くことは禁じられた。公務員に応募することもできないのである。何も犯罪行為をしたわけではなく、国のために協力したということで差別を受けたのである。道は自分で拓《ひら》くしかなく、自営業として商売を始めた。

昭和二十五年、九州で出張販売業の創業メンバーとして参加して、九州の炭鉱地区を中心に販売していた。昭和二十六年、石炭から石油にエネルギーの大転換が起こると、炭鉱地区は大打撃を受け、あっという間に衰退していった。必然的にそれまで炭鉱地区に販売していた売掛金は回収不能になり、廃業のやむなきに至った。

事業整理のために手持ちの商品を売り捌《さば》こうと小倉に行ったところ市内は米軍の戦車が走っているし、佐世保に行くと米軍の戦艦が集結しており、市内は米海軍の水兵があふれていた。これは何事が起こったのかと思ったら、朝鮮戦争が始まっていたことをあとになって知った。

(1) 出店排除運動

朝鮮戦争特需で景気は過熱し、商売は息を吹き返し、出張販売業から常設店舗による販売へと方向転換をした。次々と支店の増設を進めていたが、そこで理不尽な排除運動に遭遇した。それは「大規模小売店舗立地法」という法律が作られ、我々の自由な経済活動を制限するものであった。私はある大都市に出店を決め、銀行から資金を借りて土地を購入し、いよいよ店舗の建設という段階になって、市の経済局長から呼び出しがあった。局長室に行くと「今計画している出店計画は止めよ」と一方的に通告された。藪《やぶ》から棒に言われたので一瞬戸惑ったが、既に多額の投資をしており、ここで中止すると会社の倒産につながる。行政の排除命令に従うわけにはいかなかった私は咄嗟に一策を講じ、「わかりました。今までの費用の損害賠償などというケチな話はしない代わりに、中止命令を出した経済局長を憲法違反で直《じか》に告訴する」と言って席を立った。

するとその局長は「ちょっと待ってくれ、実は今回の出店問題で政治家を含む大掛かりな陳情団が来て出店反対をしているので困っているのだ」とあわてて言う。これは明らかに職業の自由という憲法で守られた権利を剝奪する行為であり、私は行政を相手に戦う決心をした。局長が事を穏便に収めるよう出店反対同盟と話し合いをして頂きたいと言うので、仕方なく反対同盟と会うことにした。何度も日程の調整をしたが当日になると、メンバーが欠けてだめだなどと理由をこじつけ、故意に会合を引き延ばしてくる。そうこうする内に半年近くが過ぎたので、堪忍袋の緒が切れた私は「団体交渉に応じる気がないのなら、近くの既存の店舗を業態変更して反対している団体が取り扱っている商品に全部替える」と申し渡した。するとあわてて明日団交しましょうということになった。団交の結果、出店は認められた。しかし、先方は反対運動のために多額の費用がかかったのでそれを負担せよと要求してきた。自分らが勝手に反対運動を起こしておいて、その運動費用を出せとは理不尽にもほどがある。私はきっぱりと断った。

こちらはいつも一人で、相手は集団になって排除活動をしてくる。集団になると気のいいおじさんもいきなり敵愾心《てきがいしん》旺盛になる。学校のいじめも集団で一人をいじめるという構図になるが、集団心理の怖さがここにある。集団になって相手を村八分にするのは「いじめ」と共通している。創業期の出張販売当時も各都市であらゆる排除運動に遭ったが正面から戦ってきた。くじけそうになった時もあったが、昔の人が「この世で起きたことはこの世で解決する」と言っているように、死ぬ気で対決すれば必ず道は拓けてくるものである。若い内から強靱な精神力をトレーニングしておく必要がここにある。その根底になる理念を持っていないといけない。単なる「やる気」だけでは大きな苦難に遭遇した場合克服するだけのエネルギーは生まれてこない。

その根底になる理念こそ「生きる目的」である。

(2)日教組の教師による「いじめ」

私は三人の子供たちの小学校時における教育は妻にまかせていた。ところがある日、妻からとんでもないことを聞いて驚いた。PTAの役員が毎朝校門で先生が出勤するかどうかをチェックしていると言うのである。なぜかというと、先生が日教組の分会役員や代議員になって、日教組の定期大会や府の大会に頻繁に参加するため学校の授業を欠席し、先生のいない教室では生徒は自習ということで勉強にならず、校長は何をしているかというと校庭の草刈りをしているというのである。

当時六年生であった長女に聞いてみると、今日も先生は一日学校に出勤せず自習していたと言う。これは大変なことである、これでは学校ではないと思って地元の人たちに聞いてみると、そのA校は有名な日教組教員が支配する小学校だった。これはえらい小学校に入学させたと後悔したが、学校側に改善してもらうことが先決なのでPTA役員の人たちと学校に抗議に行けと妻に言った。その後、何度も先生たちに正常な教育が受けられるよう要求するためにPTAとして抗議の場を持ったようだが、その都度先生に言いくるめられて何の改善も見られなかった。

しかも、先生たちと交渉するPTA役員の中にも、初めは皆同様に今の学校の荒廃ぶりに憤慨して抗議集会に参加しますという人が多数いたが、いざ当日になるといつも二人か三人に減ってしまうのだ。なぜかというと自分の子供が人質になっているために子供が先生から「いじめ」を受けることにつながるかもしれない、あるいは先生から睨《にら》まれるのが怖いために、言い訳を考えてはなるべく参加しないようにしているのである。

これではいつまでたっても改善できない、女性にまかせていたのでは埒が明かないと思って単身で先生と対決した。寒い冬の日の職員室であったが、思った通りのマルクス主義者であった。たとえ先生たちの思想はどんな主義であっても小学校の正規の授業は正しく行う義務があることを遅くまで議論を尽くした。

私は、かつて中国の毛沢東の時代、四人組が活躍していた頃に、中国共産党員と通訳を通じて大激論をしたことがある。その時、中国共産党員にこのままの中国では発展しないから方向転換しなさい、そうすれば素晴らしい国になると言ったことを覚えている。

それはなぜかというと日本は戦争で中国に負け、中国は勝った国なのに現状は日本の終戦直後の貧しい時代よりも生活水準が低い。その原因は働いている人たちが目を輝かせて働いてないからだ。例えば田を耕している人たちを見ても百人ぐらいが一列横隊になって一人も先に進まないが遅れる人もいない。のんびりと田を打っている。日本人にはあんな百姓はいないよ、朝は朝星、夜は夜星で一刻を惜しんで一億人が生き生きとして働いているのに、中国人は十億人が仕事をわが事のように思わず、その日が暮れたらいいようにのんびりしている。この日常が敗戦後二十年たって、負けた国の日本のほうがはるかに上になっている原因である。あなたの国の制度が悪いからだと言ったところ、その共産党員は激怒して言い返してきた。私は話している間、その人の目をじっと見つめながら話していたが、相手の目の奥に自分が信じていたものが疑わしくなった不安を確かに読みとった。

その後、数年がたって鄧小平氏が中国を仕切るようになると、共産党独裁の国でありながら統制経済から自由主義経済の国に様変わりした。

話を日教組の教師との議論に戻そう。その教師は「あなたの子供さまは塾に通わせている、しかも中学は私学を受験しようとしているがこれはだめです。皆と一緒に校区の中学に通わせなさい」と言う。その理由は、私学に行きたくても行けない生徒もいるのだから皆で一緒の校区の中学に進学させるべきであるというのだ。生徒が自分の将来の夢の実現のためにもっと勉強したいと思っていても皆と足並みを揃えないとだめだという考え方は以前の中国共産党と類似している。

あとで娘の友達から聞いた話によると、教室で塾に行っていることや、中学は私学を受験することを皆の前で話し、つるし上げにされていたそうだった。娘は親に心配をかけてはいけないと思ったのか、当時苦しい思いをしていることは何も話さなかった。

先生との議論は折り合いがつかず、私は娘をこんな荒廃した学校に通わせることは親として堪えられないから直ちに転校させると言ってその夜は決別した。そのあとが大変だった。転校先の学校は元の学校の内申書を持ってこいというので封をした内申書を転校先の先生に渡すと、A校のうわさを知っている先生は「ここまでやりますかね」と驚いて内申書を見ていた。そして「これではお子さまを預かることはできません」と言うので、どんな内申書かと尋ねると全科目評価なしという内申書で全科目0点がつけられていた。

これには先生も困ってしまって、何か試験の答案とか評価されたものはありませんかと尋ねられたので書類を探したところ、娘が受けた業者テストの結果の成績表を持っていた。それは志望中学校に三番の順位で合格するほどの成績を収めたものだったので、転校先の先生にも娘の学力を認めてもらえ、やっと転校することができた。

親娘ともどもひどい「いじめ」を受けたものである。

それから二年たって〝A小学校の卒業生の父兄の皆様へ〟というプリントが配布されてきた。読んでみると「日教組教師の排除により正常な学校に戻りました」という見出しで、大勢の父兄が学校に座り込みをしている写真が掲載され、団交の内容を詳しく記したものだった。

学生時代に受ける「いじめ」は、教師や保護者が救済してあげないと解決できない。だが、日教組の教師から受ける「いじめ」は、保護者といえど私の例のように単身で乗り込むと、相手は子供の成績を人質として取っている強みがあるので、解決には非常な困難がある。保護者が協力し合って団体交渉をしなければならない。学校をよくし、子供の教育環境を整えるのも、地域社会の責務である。学校が何かをしてくれると受け身の姿勢でいるのではなく、学校に対して何ができるのか考えて行動することが保護者には要求されている。ここにも第二章で述べたように観点の転換が必要なのである。

学生時代に受けた苦しい体験をこれからの人生の糧とするためには確固たる「生きる目的」を確立して、どんな困難にも克服できる意識をトレーニングしておく必要がある。

(3)官僚の狡猾《こうかつ》な「霞が関いじめ」

昭和六十三年頃、日本の経済は好景気で我々の事業も好調だった。株式や不動産への投資も盛んに行われ、銀行も過剰な与信で先を争って融資を続け、各企業は過大な債務を抱えていきつつあった。

その当時「バブル」という流行語はまだ使われていなかったが、日本経済がこのままで進むといつか破綻するのではないかということを危惧した私は、ある官僚に現場の声を聞き、行政が対応すべきではないかと次のように言った。

「自由主義経済はお互いが競争することによって成長し合うというのが原則である。我々は日々熾烈な競争を続けている。日本経済が過熱気味だからといって我々が自粛しようとすれば、途端に戦列から外れ死を意味することになる。行政は死ぬことがないのだから通産省（現経済産業省）や大蔵省（現財務省）が現状にブレーキをかけてほしい。このままだとブレーキのきかない車が猛スピードで競争しているのと同様で必ず大事故につながる」

現場で実感していることを素直に言ったわけだが、その官僚には私の話をよく理解してもらえた。だが、その官僚は驚くべき内容の話を私にした。

「行政の考え方はあなたの考えていることと違っているから、私が省内であなたの考え方を進言し推進しようとすると、多分上司はこのように出てくるでしょう。『あぁそうかお前がそう思うなら勝手にやれ』と言い、私はその日から窓際に追いやられて相手にされなくなる。私の役所勤めの終焉《しゅうえん》です。もしあなたが私の女房や子供の生活を見てくれると言うならやりますよ、しかし、その保証がないのに省内でボイコットされることは失職することになる」

私は驚いた。これは官僚相互の「いじめ」ではないか。これでは、何を言っても行政は動くことはない。国会議員でさえも、自省利益誘導で狡猾な攻撃を仕掛けて思い通り操って国民そっちのけの政策を捏造《ねつぞう》してしまう。これが官僚のずるさである。

私の話に理解を示して頂いた前途ある官僚を失業に追い込むようなことはできないので、これは政治の問題だから与党の、しかも経済に堪能な実力衆議院議員を動かすしかないと思い、議員会館を訪れて、今の過熱した経済の現場の実態を詳しく説明した。評論家や学者は机上の空論しか述べていなかった。日本中で誰一人私のような説を唱える人は当時いなく、なかなか納得してもらえなかったが熱心に説明を続けたところ、「よしわかった、国の経済政策を企画している通産省の官僚五名を一週間先に集めるから、当日朝九時十分までに通産省の会議室へ行って、お前から直接官僚に実状を説明し、お前の考えている対策を具申してみよ」と言われた。

私は早速当日説明する内容を人数分プリントして、会議の席では読む時間がなければ徹底しないと思ってフリップにした。そして対外的折衝においては、相手が多勢でこちらはほとんど無勢では、効果が少ないということを経験的に知っていたので、やはり味方の数が多いほうが迫力も違うと思った。そこで、当日、同業組合の全国の理事長に集まってもらうことにした。ひと言もしゃべらないでいい、ただ、当日座ってもらっているだけでいいから集まって頂きたいとお願いして、北は北海道、南は九州から全国の理事長が時間までに集まってもらえるようにした。

当日になって私は、今大変順調なように思えるわが国の経済はこのままでは必ず破綻する。そうなる前に早急に経済政策の方向転換をすべきであることをチャートを使って説明した。すると、五人の官僚はそれぞれに私の説に反論してくる。省内のデータまで示して自説を主張した者もいたが、我々のように現場の生きた経済活動を毎日見ている者からすれば既に陳腐化したデータであって、こんなものに頼って日本の経済を動かしていては危険極まりないと感じた私は、官僚一人一人の私に対する反論をつぶしていった。

さすが通産省の官僚は聞きしに勝るケインジアンで、黴《かび》の生えたケインズ理論で攻めてきた。一方、私はハイエク理論を駆使し、今日まで繁栄してきたわが国の経済を奈落の底に突き落とすようなことだけは避けてほしいと懇願した。

昼の十二時十分になっていた。三時間の議論で反論できなくなった五人の官僚は最後になって、

「あなたの言い分はわからぬではないが、今進めている経済政策は閣議で決まった

ことを推進しているのだから、現在の政策に異論があるのなら閣議に諮ってほしい」と責任逃れの巧みな言説を弄してきた。

①委員会を意のままに操る官僚

私はこの問題とは別の件で、過去に「請願」をして国会で審議してもらったことがある。閣議決定するまでの経緯を体験しているので実態を知っているが、閣議決定するまでには各委員会で審議が行われる。例えば、経済政策委員会であれば、国会議員が約三十名（各党の議員の数に比例して委員は割り当てられる）いる。この審議会に十五名ほどの担当官僚が加わって審議をする。原案は全て官僚が作成する。もしこの原案に議場で議員が反論すると官僚から機関銃のような一斉攻撃が始まる。議員がそれに対して反論できれば良いが、ほとんどの場合、その議員は立ち往生して恥をかくので、自分の失態を世に晒したくない議員は何も発言せず、ほとんど原案のまま成立させてしまう。したがって、閣議に諮れと言われても、自分たちの考え方を否定する私の考えが委員会を通過することなどあり得ない。

官僚は暇さえあれば一つの問題についてディベートを行い、隙のないよう理論武装しているが、議員のほうは優先事項が選挙だから官僚ほど勉強していない。そこにつけ込んで自分たちの意のままに委員会を操っていることは国会のＴＶ中継で皆様もご存じの通りである。

国民のためよりも省益が中心で、まず保身を優先し、既得権を拡大させることに腐心する。例えば、公務員制度改革にしても「現役出向」で天下り斡旋の禁止措置も骨抜きにし、国民のために改革しようとする同僚を村八分にして排除する。私が同業組合の理事長を全国から集めて日本の経済危機を力説して一刻も早く方向転換すべく警告したことに対しても何ら対策を講じなかった。

②一千兆円をドブに捨て誰も責任をとらない

陳情から数年後、一千兆円の大バブル崩壊となって国民や企業に大損害が生じたが、官僚や議員の中で責任をとった人は誰一人としていなかった。国民だけが犠牲を払い、過剰融資に対して返済ができず、倒産した企業も数多くあり、大勢の自殺者も出た。

あとになって判明したことであるが、当時日本の大危機であるにもかかわらず行政や政治家に対し警告を発し陳情活動を行った者は私以外誰もいなかった。この大損失の後遺症として「失われた十年」とマスコミなどは呼ぶようになった。

③バブルと同様のことが今「原発」で行われようとしている

詳しくは第六章の第四節「宇宙の原理に反する『原発』を全廃すべし」を参照いただきたい。

六　いじめに負けない精神力の元は何か

実社会の「いじめ」の実体の一つとして霞が関で体験したことを述べたが、学校の「いじめ」に比べると次元が異なるほど規模が大きく影響力も大きい。政治や行政には、このような社会悪があるので長い人生においてこうした困難を克服するだけのトレーニングをしておかなければいけない。実社会に出た時のために免疫力をつけておく必要があるのである。

どのようにするかは章を改めて説明する。

とにかく「いじめ」という忌まわしい行為を受けないのに越したことはないが、これを克服した時には今まで受けた苦悩に耐えてきたことが、自分自身を従来より一段と人間性を別次元へ高めることができる。

山本有三の有名な小説『路傍の石』の中で主人公は「若い時に苦労に仕込まれな

かったやつは肥立ちが悪い、俺は苦労を先生だと思っている。苦労に仕込まれないとすぐいい気になってしまう」というくだりがあるが、これはまさに金言だと思う。人間は苦悩に耐えそれを乗り越えることで成長する。

自殺へと向かう衝動は正常な意識状態ではないが、結論から言って、生きるということを自己中心的にしか考えていないからである。そうして何かで追い込まれて行き詰まってしまうと、苦しさから早く逃れて楽になろうとする。そこには、自分の人生だから自分で死を選ぶのも自由であるという論理が働いてしまう。しかし、自分勝手に自殺するという行為はわがままの最たるものである。絶対にあってはならない行為である。

なぜかというと、自分自身が命を持っているわけではないのである。我々は命がほしいと思って手に入れたのではない。気がついた時、命が自分のものになっていたのである。命のほうが自分より先にあって、そのあと、これは私の命だと意識するようになった。これは命が与えられていたということである。

世の中にはあらゆる生命体があって命が与えられているが、我々もその内の一つである。

この広い宇宙には宇宙プログラムの智慧があって秩序が働いている。命の働きもその内の一つであって、天地自然の法則に基づいている。森羅万象、この宇宙プログラムに従っているのである。だから、命そのものは大自然から与えられたものであり、自分の命だからといって、自分の勝手で命を捨てるという行為は宇宙の根本原理に反することになる。たとえいかなる場合でも、自殺という行為は絶対にしてはならない行為である。

しかし、今耐え難い苦しみに遭っている人にとってはなかなか伝わらないかもしれない。いつこの苦しみから抜け出せるかめども立たない、このまま我慢して生きていてもあまり社会の役に立てそうもない、社会へ出て邪魔者になるだけだと思ってしまっているかもしれない。仮にそう思っていても、人生にはよくわからないことや、あいまいなことがいっぱいあるから、あまり理詰めで考え込んで自分を追い込まないようにすることが大切である。

第二章でも述べたように、ただ何もしなくても存在しているだけで人生には意味が与えられているのである。どんな時にも人生には意味がある。生きている限り決してなくなることはないのである。

そうして転機がやって来たら見逃さずつかむことである。よく見ているとあの人にとってチャンスなのに、どうしてキャッチしないのかと思うことがある。その都度見逃しているのである。自分にはチャンスなんて来ないと思っている人もいるようだが、実は常に降り注いでいるのに気がつかないだけである。

アメリカの保険会社で大を成した社長の実話がある。この経営者は若い時、全財産を注ぎ込んで石油の井戸を掘ったがついに石油は出てこなかった。そこで諦めてしまいこの空井戸の権利を他人に譲渡した。ところが、権利を譲り受けた人がさらにこの井戸を三メートル深く掘り下げたところ、石油が湧き出して大儲《おおもう》けしたそうである。

もし私がこの空井戸を掘った人でこの話を聞いたとしたら、悔しさに仕事も手につかず自暴自棄になるところであるが、さすが大を成す人は考え方が違っていて、この話を聞いて「そうだったのか俺がもうひと押しすれば良かったのに諦めたのが悪かった」と反省し、生命保険の外交員となって業績を上げ、ついに保険会社の経営者として大成したのである。この社長は油田の井戸掘り事業に失敗したが、この失敗を教訓として次のチャンスに生かして大成功を果たした。

例を挙げると際限がないが、この社長のように失敗でさえもラッキーチャンスに変えることができるのだから、その気になっておればチャンスは常に降り注いでいるということが理解できるだろう。だからチャンスに気づかないのはもったいない話である。

本書のテーマである「生きる目的」も、すぐに見つからなくてもいつかまた見つければ良いのであって、決して焦る必要はない。

フランクルが「どんな時にも人生には意味がある。生きている限り決して悪くなることはない。既に与えられているのであるから、あなたに見つけ出してもらうのをいつまでも待ってくれているから」と言っているように、人生に絶望した人にも、一つでもいいから、俺はこのために生まれてきたのかと気づけば、やっぱり生きていて良かったと思える日が必ずやって来て生きる喜びが湧き、全てがうまく回りだすことが必ずあるのだ。

第四章
西田哲学から見た「生きる目的」

一　なぜ今、西田哲学なのか

私は今振り返っても、生涯における至高体験だったと思うことがある。まさに天にも昇る気持ちになり、輝くような人生の喜びに武者ぶるいするような勇気が湧いてきたことが今でも鮮明に脳裏に焼き付いている。それが西田哲学との出会いであった。性格まで一変して明るい性格に変わり、私の人生観の基礎工事ともいうべき、生き方の根本方針を確立することができたのは西田哲学のおかげである。

その後、社会人となったある日、知人から京都の妙心寺で座禅をしないかと誘われて、座禅堂で座禅を組み、禅僧の説教を聞き、雲水と同じ食事をとり、本堂の拭き掃除などをして本堂に一泊したことがある。翌朝、妙心寺の管長さまの講話があった。

「今日は、西田幾多郎先生の命日法要の日だから、西田さまがこの寺で雲水をしていた頃の思い出話をしましょう」

とおっしゃって、若き日の西田先生の実像を語りだされた。

西田先生は、妙心寺に雲水として滞在し、数年間修行を積まれたが、一般の雲水と何ら変わりない待遇で特別な扱いは一切受けなかったそうである。修行は真剣そのものでただ一途《いちず》に思索三昧のように見受けられたという。その折のエピソードの一コマであるが、ある夏の猛暑の日、托鉢《たくはつ》を終えて寺で食事をしていた時、衣の袖を肩まで巻き上げて食事をしていたのを注意された西田先生は、あわてて袖を下ろし「無意識で巻き上げていました、失礼しました」と非を詫びたそうである。恐らく西田哲学の母体となる純粋経験や意識統一の揺籃期《ようらんき》であったのではないかと思う。

その外、何事においても集中力は凄いものを持っていたという事例の話があり、妙心寺をこよなく愛し、「私が亡くなれば妙心寺の鐘の音の聞こえる所に葬ってほしい」と言われていたのでこの寺に墓があるということもうかがった。ちょうど命日に出会うことができたのも何かの縁だったと思った。

西田哲学の中から「生きる目的」を結論づけようとすれば、西田哲学の全体像を明らかにしなければならない。なぜかといえば「生きる意味」が、西田哲学の多くの分野に関係してくるからである。しかし、膨大な『西田幾多郎全集』十九巻の説明にはとても紙数が足りないので、基本的な考え方さえ知って頂ければ、全集は補足的に研究もできることであるから、本書ではエッセンスとなる部分の抽出をして、説明しておこうと思う。

明治十年（一八七七年）に東京大学哲学科が創立されて以来、長年にわたり西洋哲学の翻訳・紹介の域を脱していなかったが、明治四十四年、西田幾多郎の『善の研究』が登場して初めて日本人による本格的な哲学が育ちはじめた。『善の研究』は西田（以下敬称略）が命懸けで人間と人生を見極めようとして体験したドキュメントであった。

『西田幾多郎全集』第一巻の序文において、西田は次のように述べている。

「思索などする奴は緑の野にあって枯草を食う動物の如しとメフィストに嘲らるるかも知らぬが、我は哲理を考へる様に罰せられて居るといった哲学者（ヘーゲル）もある様に、一たび禁断の果を食った人間には、かかる苦悩のあるのも已むを得ぬことであろう」

生きる目的、何のために生きているのかという生きる意味の探究をしなくても生きている人たちはたくさんいる。人間以外の動物はそんなことを考えることなく寿命を全うしている。

物も豊かになって衣食住は不況下といえども、文化的な生活ができるレベルにある。それなら何もそんな難しいことを考えなくてもいいのではないか、と思われるかもしれない。それで一生満足して生きていかれる人はそれでいいのであるが、長い人生の中で、山もあり、谷もある。あとから振り返ってみて苦しい坂道のほうが多かったが、自分ははたして何のために生きてきたのかと、生きる意味を考える時が誰しもある。そんな時、生きる目的はこれだということが明確になれば、毎日が生きる喜びに湧く。これが人生の根本問題である。

我々はいかに生きるか……行為的自己の歴史的実践の解明が西田にとっても哲学の出発点であった。西田哲学は西洋文化移植後の日本に初めて作られた独創的哲学であった。

そうしてこの『善の研究』は直接経験という形で何物にもとらわれない最も直接的で根本的な立場を設定することにより、人間の自由な精神活動、とりわけ人格の内面的自発性を確立した。『善の研究』で示された思想が西田のそれ以後の思索を規定し続けたという点において、彼の思想展開の中で大きな位置を占めている。

晩年の西田は「場所」という概念を持ち出すことによって、多くの現代的問題に対して正面から立ち向かうための多くの概念装置を獲得することができた。

これはマルクスの労働観などと肩を並べ得るレベルの理論であるが、「生きる目的」

とは直接関係しないので簡単に説明しておくが、次のようなものである。例えば企業においても国家においても、危機というものは精神的頽落《たいらく》から始まり「群れ合いの場」が発生してくると危機に直面する。「群れ合いの場」をうまく「出会いの場」に変えることに成功すれば、危機を脱して再び発展することができる。明治維新では幕藩体制が生み出した「群れ合いの場」から薩長《さっちょう》を中心とする「出会いの場」への変化に成功した。

また、実業界でも本田技研工業の久米是志《くめただし》元社長は西田哲学の「場所」に造詣が深くこの理論の活用によって日本で初めてアメリカの厳しい「マスキー法」（大気汚染防止のための法律）をクリアすることができた。

西田の「場所」に関しては西田哲学研究の第一人者である清水博博士（東京大学名誉教授）が『場の思想』の著書を平成十五年に出版されているが、その中で「場」とは何かを次のように説明している。

「我々の体の細胞の一つを考えてみると、この細胞は身体全体の場を共有して生きる共存在者である。共存在とは異なる個性や生き方をする多様な存在者が一つの場を共有して調和的に存在することである」

このように、卑近な例を挙げて簡単に説明しているが、実は大変な哲学であって、近代文明の行き詰まりを打開する新しい思想なのである。

西田哲学はこのような新しい時代をリードする哲学を内在しているのである。

二　西田哲学の概要――釈迦の仏教との対比

「生きる目的」は何か、「何のために生きるのか」、前章でフランクルは、どんな人にも、どんな時にも生きる意味があると言った。西田哲学ではこの問題をはたしていかに結論づけるのか。我々は人と生まれてきた以上、義務であるからこのように生きるべきであるというのは、人間の自由な精神活動を制約して内面的自発性を制約する。このような考え方はあくまで自分が心から納得できるものでないと本物とは言えないし、すぐ色あせてしまう。

そこで、西田哲学から見た「生きる目的」を考える前に、哲学と聞いただけで拒否反応を起こす方も多いかと思うので少し形を変えて説明しようと思う。

例えば精密機械の説明をする時、個々の部品の細い説明から入ると、その部品がこの機械を動かすのにどんな役割を演じるのかピンとこないし、退屈で面白くない説明になる。同じように哲学という、いわば巨大な精密機械をまず大まかな図解を

図４　西田哲学と釈迦の仏教における「生きる目的」

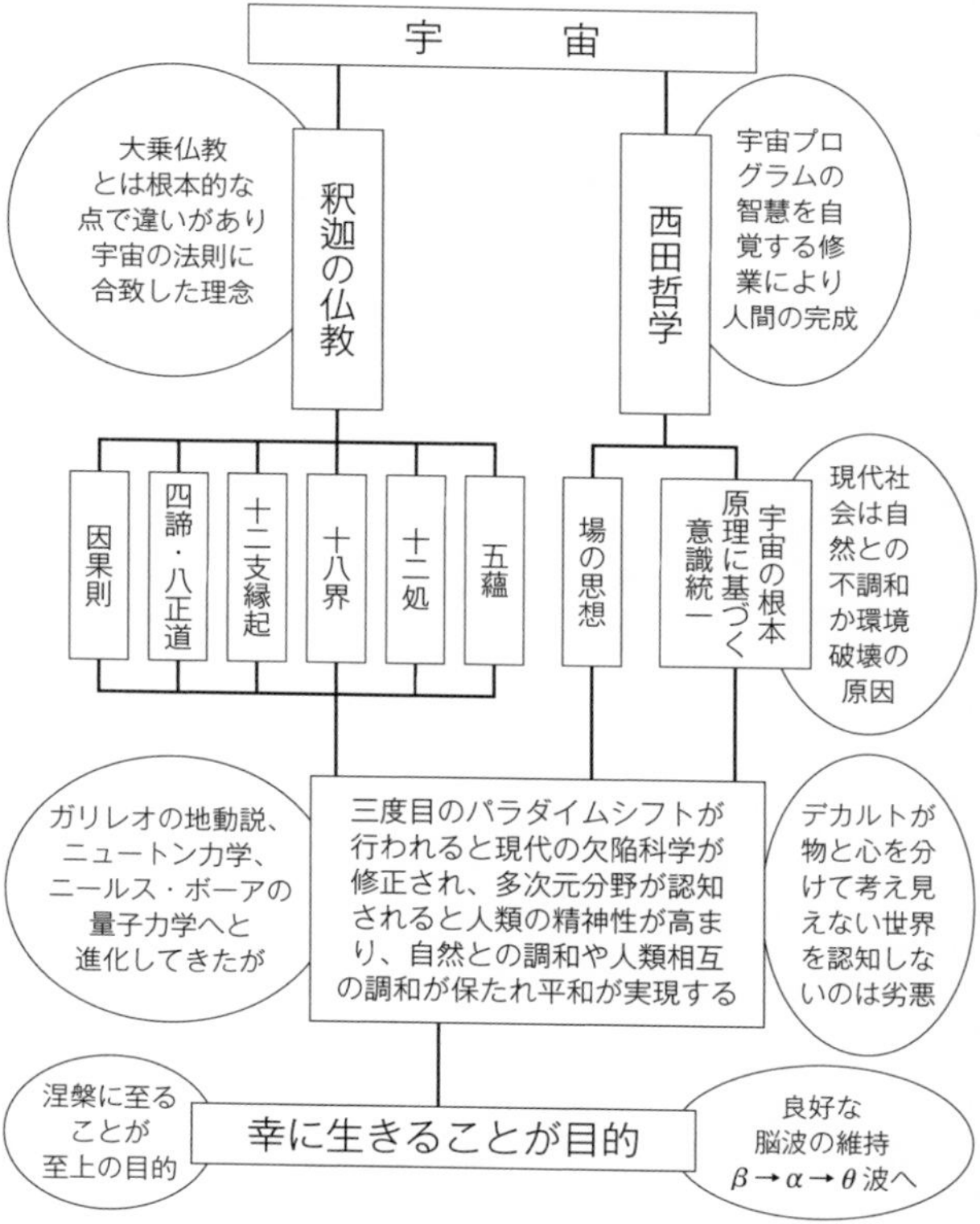
宇　宙
大乗仏教とは根本的な点で違いがあり宇宙の法則に合致した理念
釈迦の仏教
西田哲学
宇宙プログラムの智慧を自覚する修業により人間の完成
因果則
四諦・八正道
十二支縁起
十八界
十二処
五蘊
場の思想
宇宙の根本原理に基づく意識統一
現代社会は自然との不調和か環境破壊の原因
ガリレオの地動説、ニュートン力学、ニールス・ボーアの量子力学へと進化してきたが
三度目のパラダイムシフトが行われると現代の欠陥科学が修正され、多次元分野が認知されると人類の精神性が高まり、自然との調和や人類相互の調和が保たれ平和が実現する
デカルトが物と心を分けて考え見えない世界を認知しないのは劣悪
涅槃に至ることが至上の目的
幸に生きることが目的
良好な脳波の維持
β→α→θ波へ

して西田哲学の全体像を把握してもらおうと思う。そのために釈迦の仏教や、物理とのコラボレーションでおぼろげな理解をしてもらってから、個々の問題点について検討していけば深く理解してもらえるのではないかと思う。

(1)釈迦の仏教のエッセンス

では、図4に従って説明をしよう。

釈迦の教えと一哲学を並べて比較することは、スケールにおいてあまりにも差がありすぎてバランスがとれないが、理論上では全く類似しているのであえて同列に並べてチャートにした。

釈迦と西田哲学の考え方に共通していることは、宇宙の根本原理に根ざした理論であるという点である。

仏教は、釈迦が二千五百年も前に説いたものであるが、実に理路整然としている。それは、あたかも宇宙に巨大コンピューターが存在するかのように、天網恢恢疎《てんもうかいかいそ》にして漏らさずで、全てが記録されているようでもある。

釈迦の説く「因果則」とはわかりやすく現代風に説明すると、それは世間で言うところの「因果応報」である。だが、それは決して物事がうやむやに終わることは絶対になく、その結果はいつ現れるかはわからないが、必ず現れてくる。

「十二支縁起」は、「無明」から始まって、十二の苦しみを生み出すさまざまな状態が起こる人間の「煩悩」の要素を挙げている。人間のあらゆる苦しみの根源は「無明」であると説いている。

「無明」とは無知のことで、言ってみれば「煩悩」の親分である。これを現代風の言葉に言い換えてみると、苦しみの根源の「無明」をなくすよう、智慧を使って人間を完成すれば人生を最高のものにできるように宇宙プログラムはできているということになる。しかもそれは、全ての人々に生まれながらにして与えられている能力であるから、各自はこの素晴らしい宇宙プログラムの智慧を自覚して「無明」をなくすように努めれば、喜びに満ちあふれた人生を送れるようになっている、と説いている。これが釈迦の教えにある「涅槃《ねはん》」であって、この理想の境地に至るように努め、幸福に生きなさいよと説いている。

私はこれが釈迦の教えにある「生きる目的」であると考えている。

仏教は二千五百年も前の理論であるにもかかわらず、釈迦が、現代科学の粋を集めて研究を進めている宇宙の根本原理のことまでちゃんとお見通しであったことは、まさに驚異としか言いようがない。釈迦の説く仏教と西田の理論とに共通していることは、根本は宇宙の根本原理に根ざしていることである。ここから全ての発想が始まり、ここに終結するのである。

釈迦は宇宙の根本原理に基づいて、「因果則」は厳然として変えることのできない法であると説いている。またこれに関連する「十二支《じゅうにし》縁起《えんぎ》」や「四諦《したい》」や「八正道《はっしょうどう》」の基本的要素があって、これによって人々を苦しみから救い、やがて「涅槃」に至る至上の幸せが得られる法を説いている。ところが、現在日本などで流布している大乗仏教は釈迦の「因果則」をなくして、整合性を図るために「空」の思想を持ち込み、全てを雲か霞《かすみ》のようにしてしまった。

これは極めて非科学的であり、世の中を構成している基本要素である素粒子（釈迦の時代にはこのような科学はなかったが、釈迦はその存在をしっかりと把握していたと思われる）も「空」であるとしてしまっている。最近では新しい素粒子である「ヒッグス粒子」が見つかったと報じているように、ジュネーブの国境近くにある「欧州原子核研究機構（CERN）」にあるビッグバンを再現できる巨大な装置によって、次々と素粒子が発見されている。やがて見えない世界とされている四次元以上の多次元の世界も解明しようとされているので、決して「空」などはあり得ないことである。釈迦はその点、正確に見通していたのである。

過去において、人類はガリレオの「地動説」の時も否定して「天動説」に固執したが、やがて地動説を認めざるを得なくなった。また「ニュートン力学」では説明できなくなってニールス・ボーアの「量子力学」へと進化してきたように、まだまだ現代科学は進化の途中にあり欠陥科学である。そのため人類は「無明」の域から脱出できないでいる。それで今、三度目のパラダイムシフトが行われようとしていてさらに進化が進むことは明らかである。

そうなると宇宙の真実が明らかとなり、宇宙の根本原理に基づく生き方、即ち「涅槃」に至る生き方が至上の目的となり、最高の幸せを得ることができる可能性が生まれてくるのである。

以上、図4にある釈迦の理論の概要を述べてきた。しかし、これは釈迦の理論のごく一部であって、釈迦という人は、実に精緻な論理思考の持ち主であって、人間はこの世をどう認識しているか、という基準に基づく分類をして、そこから「認識」とか「思考」や「感性」とかさまざまな「心」というものを分析している。

これは第五章において説明するので、ここでは項目のみに止めるが、「五蘊《ごうん》」・「十二処《じゅうにしょ》」・「十八界《じゅうはちかい》」といった現代科学にも通用する自然界の分類を行い、まずそこから物事の道理を説き起こしているのは、次に述べる西田哲学の理論の説き方と表現方法は違うが方法としては類似している。したがって、西田哲学が難しい理論を振り回しているのも実は釈迦も真理を追究するためには必ず検討しなければならない事柄であって、「なぜ生きるのか」の疑問に答え「生きる目的」の結論を出すための基礎となる部分である。回りくどく感じるかもしれないが不可欠のことである。

(2)西田哲学のエッセンス

図4の西田哲学の説明をしよう。西田は一貫して宇宙の根本原理に基づく意識統一を図ることを旨とすべしと説いている。

それはなぜかというと、天地自然の理と合致しておれば、大自然とも調和できて現在各地で発生している環境破壊の問題などは起こらないからである。

さらに西田は意識統一の重要性も説いている。意識に関する説明がかなり専門的になるため、哲学アレルギーを持った人たちには敬遠されるが、真に理解しようと思えば絶対必要欠くべからざることである。ただ、このあたりが難解であるために西田哲学が嫌われる原因になっているように思う。前述の釈迦も同じように意識のことを説明しているが「因果則」や「十二支縁起」や「無明」や「四諦」「八正道」

のほうが理解されやすいように思う。

詳細は次節で説明するが、西田哲学の「純粋経験」や「知的直観」とか「唯一実在」を大変乱暴な言い方であるが、ひと口で表現せよと言われたとしたなら、「脳波をθ《シータ》波に保て」ということだと私は思っている。

それはどういうことかというと、我々の意識状態を科学的に分析するために脳波測定機で測定すると即座に現在の意識状態がわかるからである。これは私も実験したし、私以外の人も数人測定に立ち合ったが、実に正確に意識状態がわかる。

これは第三節の「(4)善行」でも述べるが、図7「脳波と意識の状態」（一六九ページ）にあるように、ストレスや怒り、恐怖や悲しみなどによって緊張している時はβ《ベータ》波となり、リラックスして頭が冴えている時や、喜びを感じている時はα《アルファ》波になる。さらに直感力が出て、感謝の気持ちが湧いてきて、全てのものへの愛を持つことができて、悟りの状態になると脳波はθ波になる。

この意識状態には誰でもなれるが、ただそれを持続することが難しい。それは日常生活の中でトラブルが起きたり、緊張したり、怒ったりするとすぐθ波はβ波に変わるからどんな状況の中でも平常心を維持できるだけの修練が必要である。

西田哲学もポイントをつかみさえすれば良い。我々は学者になるわけではないので神経質に考えることはない。

例えば、図4に「場の思想」がある。これは本章の初めに説明したので重複は避けることにするが、しかし、西田哲学の全集十九巻を読み通した中で一番わからなかったのがこの「場所」の問題であった。

何とかして解明したい一心で数年模索していたところ、前述のように西田哲学研究の第一人者である清水博博士とご縁ができて教えを請うことができた。ポイントは「群れ合いの場」を「出会いの場」へと変化させることであった。

このように正確にポイントをつかみさえすれば西田哲学といえども、そんなに難解なものではない。次の項でできるだけ、たとえ話や、事例を挙げて説明し、西田哲学から見た「生きる目的」を追究していくことにする。

三　宇宙の根本原理に基づく意識統一とは

はじめに私事を述べて恐縮であるが、八十余年の私の人生を振り返ってみても、これは確実に私に適合していると痛感しているのは「宇宙の根本原理に基づく意識統一」という概念である。

一見堅苦しいテーマだから近寄り難いと感じるが、これほど身近で四六時中頭から離れず、私の生活の中に溶け込んでしまっている観念はない。そしてこれが今では生活の一部となってしまっている。妻にも結婚当初からレクチャーしているので、日常の私との会話の中で「私は意識統一ができていなかったために、こんなトラブルに巻き込まれたの」というように頻繁にこの言葉を使っている。

まさか哲学用語を日常会話にと思われるかもしれないが、日常生活の細部にわたってこの意識を浸透させることが夫婦円満のコツでもあるし、日常茶飯事にもこの観念を持っていると全てうまく運ぶことができる。また反対に失敗した時、あとで反省してみると常に宇宙の根本原理に反していて意識統一ができていなかったことを痛感する。

しかし、なぜ日常生活に宇宙までをも引き合いに持ってこなければいけないのかと思われるかもしれない。それは、人々の生活の中で衣食住や人間関係、健康に関することや法律に至るまで、全てにおいてこの「宇宙の根本原理に基づく意識統一」ができておればスムーズに物事が運ぶからである。

例えば第三章でも触れたが「大規模小売店舗立地法」により出店を規制され、出店反対運動を起こされた時、市の経済局長から呼び出され、中止せよと勧告を受けたが、私は物事の根本に立ち返って考えてみて、中止命令は天地自然の道理に反すると思ったから、法律の矛盾点を衝いて、「経済局長が中止を勧告するなら私は行政を相手に『憲法違反』で告訴する」と言うことができた。その途端に、局長は態度を変えて和解へと好転し、めでたく開店できたのである。

相手の出店反対同盟は政治家や弁護士を使って大騒ぎをしていたが、私はただ一人で対決して勝利した。常に私のバックボーンには、「宇宙の根本原理に基づく意識統一」があり、これのおかげで成功させて頂いたのである。

法律に関することで、この外にも二例ある。一つは割賦販売法に関して国会において付帯決議がついて、法律が改訂されたことである。

もう一つは税法に関する件で、自然の法則に照らし合わせても不合理極まりないことがあったので、一人でも申請できる「請願法」によって国会で審議をしてもらったことがあり、今も手元の国会議事録に記載されている。

創業当初から顧問弁護士を持たず、法律に関する件は全て私一人が対応してきたが常に強い味方は「宇宙の根本原理」であった。

事例ばかりでは論理的根拠が薄弱だから、哲学アレルギーの方には次に述べる西田哲学の理論だけはぜひご理解頂きたいと思う。それは、「宇宙の根本原理に基づく意識統一」をするための具体的な方法であって「無明」を滅し、智慧が湧いてきて、脳波をθ波に維持するための方法だからである。これを真に体得することができると、生きることが実に素晴らしいことであることを実感し、毎日が楽しくて感謝の日々が送れるようになる。

⑴ 純粋経験とはどのような経験か

何か自分の好きな趣味をしている時や、スポーツであっても最初の内は意識的であったことも次第に熟してくるに従って無意識の内に当初よりはるかに凌駕《りょうが》する域に達する場合がある。こうした経験は過去に誰もが体験したことがあると思う。これは訓練を重ねることにより、判断が統一され、厳密となった時に純粋経験の形となるのである。

これの論理的根拠は、例えば一所懸命に断崖をよじ登っている時や、音楽家が熟練した曲を奏でる時のように、知覚が連続し、しかも厳密な統一と連絡とを保ちつつ意識が他に転じても注意は始終対象物に向けられ、前の作用が自ら後者を引き起こし、その間に何の思考も入る隙間もない、いわば主観と客観が合体した状態になることがある。純粋経験が直接にして純粋である理由は具体的意識の厳密な統一にある。

論理的に言ったら難しく感じるが、右のような経験は誰しも持っているはずで、これが意識統一の大切な要素となる。

このような論理的な説明では、もう一つ理解に苦しむと思うので、卑近な私の家内の例を挙げて説明しよう。

私の家内は専業主婦であるが、学生時代からの趣味が高じて半世紀も日本画を描き続けており、毎年、春は日春展、秋は日展に出品するために頑張っている。

私は家で彼女の創作活動を常に見せつけられているので、いつの間にか関心を持つようになった。家内の行動を観察していて思うことは、彼女は常日頃から頭の中で何かを模索しており、これだと思った時に画室に入って描くことに没頭しはじめる。初めは小下絵を描く。自由奔放に自分の思いを表現するための試し描きで、それを確認した上で構想が決まると百五十号の大型パネルに描きはじめる。昼間は電話がかかってきたり、来客があったり、家事などで活動が中断するので、大概は夜間に描くが朝まで描いていることもある。

日本画の場合は洋画と違って、絵の具は鉱石の粉である。これを膠《にかわ》に溶いて画面に絵筆で塗るのであるが、この絵の具の選び方に高度の技術が必要である。それは絵の具には同じ色でも塗り重ねた時に先に塗った絵の具の粒子のほうが大きいと、その色が表面にも表れてきて色が混るという性質があるから、絵の具一つの選択にも気を遣わなければならないのである。これはほんの一例であるが、日本画は実に複雑な技術の集積で成り立っている。しかし、一度製作に没頭しだすと日頃の訓練が無意識の内に働いて判断が統一され、西田哲学の言うところの知覚が連続し主観と客観が合体した状態になる。具体的な意識が厳密な統一状態になるのだろうと思う。

そんな時に出来上がった絵を見ると、まず絵に力強さが漲《みなぎ》っているし、色の調和が構図と相まって実に心地よい。こんな作品がいつもできればいいのだがそんなに簡単にできるものではない。

日展や院展その他美術展には必ず数点、私の感性と共鳴して感動する絵があるので、もう半世紀も必ず観に行っている。

ある時、京都市美術館で一つの絵にひかれて釘付けになって見続けていた絵があった。それは十五号ぐらいの洋画で、京都の画家清水一氏の手に依るものだった。「教会への道」と題されたこの絵は、丘の上の教会へ続く道を上から見ており、屋根の部分が多い構図だが、色の調和の心地よさに見とれていた。会場係の女性が近寄ってきて「この絵がお好きですか」と尋ねられ、ふと我に返ったことがある。また、大阪のある百貨店で行われた美術展で、小さな六号ほどのものなのに私の心を揺り動かされるような絵があった。帰宅して妻に話したところ「そんなに好きな絵だったら買いなさいよ」と言われたので買いに行くと、係員から「この絵は素人さんは買わない絵ですよ」と言われた。そうして買って帰ったその絵を応接室の白い壁に飾ると、魔法にかかったように部屋の雰囲気が一変して実に静寂で気品の高いムードが醸し出されてきた。

その後、私はこの作家の他の作品も見たいと思って注目して見ていたが、どの作品も私が買った絵のような感覚は出ていなかったので失望した。プロといえども、常時人々に感動を与えるような作品を生み出せるものではないことがこのことからもわかる。たまたま私が買った絵は、作者が一種独特な知的直観により意識統一状態になった時に描くことができた傑作だったのだと、その絵に出会えた好運を感謝している。

(2) 知的直観とは

知的直観とは前項の純粋経験の状態を一層深く大きくしたものである。即ち「意識体系の発展上における大なる統一の発現をいうのである」と西田は言う。

これでは哲学的表現すぎてわかりにくい。

具体的にどのようなことであるかというと、前項で絵画の例を挙げたが、画家が新しい思想を得たりするのも全てこの統一の実現に基づくのである。

私がある作家の絵に感動を覚えたのはなぜであろうか。そして、その絵を家に飾るとたちまちにして部屋のムードが変化したのはなぜであろうか。

ただ単に感覚的なものだけであれば、部屋の内装を替えてカーテンや壁のクロスを替えただけで部屋のムードは変わる。しかし、私が買った絵は知覚的な状態に止まらず、純粋経験説の立場より見れば、この絵は実に主客合一、知意融合の状態で描かれた絵だと体感させられる。それはいわゆる純粋経験における統一作用が働いているからだと思う。純粋経験を一層大きく深くしていくと、我々の意識体系の発展上に大きな統一の発現がある。これが「知的直観」であって主客合一の状態である。これが意識統一につながる重要なポイントになる。しかし、この画家はそんなことには無頓着だったかもしれない。

しかし、この一枚の絵の裏に秘められたこの要素を、画家が無意識で持っていたからこそ、人々を感動させる絵が生まれたのだと思う。こんな心理分析をしなくても、この絵を見ているだけで心地よくなって幸せな気分になればそれで良いのである。

これは絵画に限らず、あらゆる芸術や学術や技術などにも見られる極めて普通の現象である。「知的直観」も前項の「純粋経験」も「意識統一」に向かうためには欠くべからざる要素であって、これらが「宇宙の根本原理」につながっていくのである。

⑶唯一実在とは

西田は、意識現象が唯一の実在であると言う。そうして実在は意識活動であって、我々の一生の経験や、大きく言えば宇宙の発展に至るまで、実在は相互の関係において成立するもので、「宇宙は唯一実在の唯一活動である」とも言う。

世の中の原則的なことを考える時は、まず思考の根本になることを確立しておく必要がある。そうしないと思考の途中で考え方の方向がちりぢりに変わってしまい、

図５　宇宙までの意識

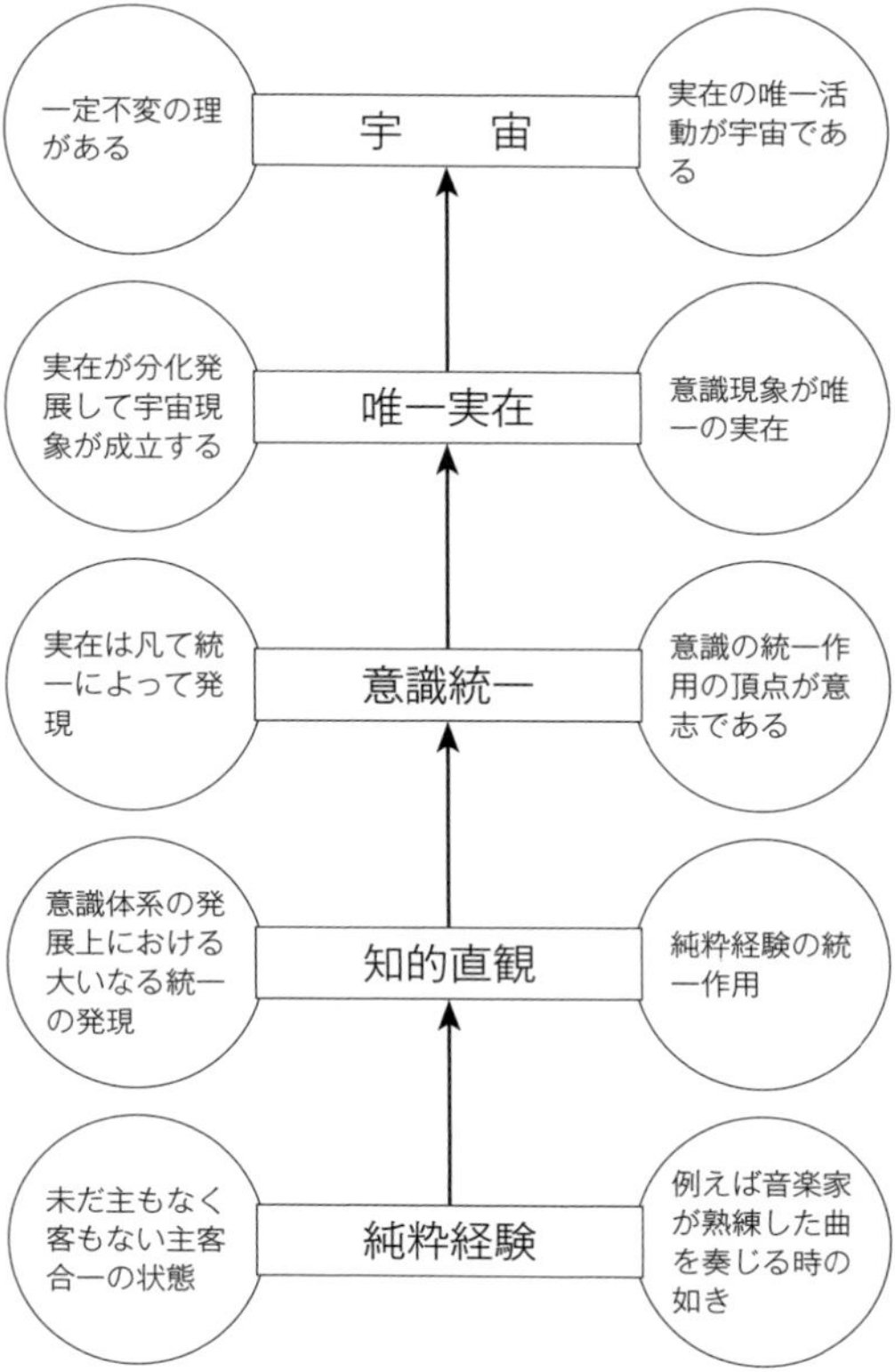
一定不変の理がある
宇　宙
実在の唯一活動が宇宙である
実在が分化発展して宇宙現象が成立する
唯一実在
意識現象が唯一の実在
実在は凡て統一によって発現
意識統一
意識の統一作用の頂点が意志である
意識体系の発展上における大いなる統一の発現
知的直観
純粋経験の統一作用
未だ主もなく客もない主客合一の状態
純粋経験
例えば音楽家が熟練した曲を奏じる時の如き

一貫性のないものになって支離滅裂になってしまうからである。

二千五百年前、釈迦も第一番に思考のアンカーともいうべき実在について明確な説を残している。

それは「五蘊」・「十二処」・「十八界」という分類法であって、これが真の実在であるというのである。

私には西田哲学の抽象的な説よりも釈迦のこの説のほうが具体的でより理解できる。

釈迦のこの説明は「釈迦の仏教から見た生きる目的」(第五章)において詳しく解説するが、釈迦の主張は、この世に基本的な存在要素が実在しており、その存在要素が複雑に関係し合い、寄り集まり、定められた因果則によって刻々と転変することによってさまざまな物事を形成している、というものである。

例えば「テレビ」であるとか、「人間」であるとか、「太陽」や「月や星」などの存在は一見すると安定的に常に存在しているように見えるが、実際には単にそれらを形成している基本要素の集合体にすぎないので実体がない。それらは常に変化し続けている。それらがこの世にあると言えるのは「最小単位の基本要素」とその間に成り立つ法則性だけであると釈迦は主張しているのである。

この釈迦の説を裏付けるように最近、素粒子の一つである「ヒッグス粒子」が発見されたと言って現代科学は大騒ぎをしているが、釈迦は二千五百年前に既に予見していたのである。

西田も表現は違うが、結局は釈迦の説と矛盾はしていない。

図5は文字の羅列だけではわかり難いと思ったので、図解によって純粋経験から宇宙に至るまでの意識の分化発展の流れを示したものである。宇宙の根本原理に添うための意識の統一の要素となるものを系列的に表示してある。このそれぞれの要素が「(4)善行」につながってくるのである。

堅苦しい哲学用語が並ぶと我々は近寄り難く感じるが、これをごく簡単に言えば、「天地自然の法則に合うように意識統一を図る」ということである。

では、それがどうして我々の「生きる喜び」となるのだろうか。これもごく簡単に言えば、我々の脳波がθ波になるからである。これも簡単に言えば、我々の意識状態がリラックスして直感力が出て「悟り」の心境になり喜びが湧いてくるのである（図7「脳波と意識の状態」一六九ページ参照）。

結論だけを簡単に示しただけでは真に理解できないかもしれない。真の喜びを体感することが難しいので西田哲学の難解な理論を持ち出さざるを得なかったのであるが、そんなに難しく考えることはない。ただ我々が人間としての正道を歩むための哲理を言っているだけのことであって、真に納得しておきさえすれば、一時的な満足ですぐ色あせてしまうようなことはなく、この喜びは生涯続くのである。

とにかく、人間の天性自然を発揮して、その人らしい個性を伸ばして自由に生きれば良いのであって、それは誰にでもできることである。そうして「心の欲する所に従って矩《のり》を踰《こ》えず」が身につけば人間の完成である。

(4) 善行

第一章で、マズローが人間の「欲求の五段階」で最も高次元の欲求は「自己実現」であると言ったことを述べておいた。また、第二章でフランクルはどんな人にも「生きる意味」は初めから与えられていて、社会的貢献度の大小とか貧富とかには関係なく、死の直前まで生きる意味は与えられていると言ったことも述べておいた。

しかし、我々はただ漠然と生きているわけではないので、日常の行為の規範をどのように決めるかが問題であるとして、その点を探るために考察を重ねてきた。人間の行動はどこに帰着すべきかというその源となる考え方をまとめておかなければならない。我々にとって最上の善とはいかなるものかについて西田は次のように述

図6　善行

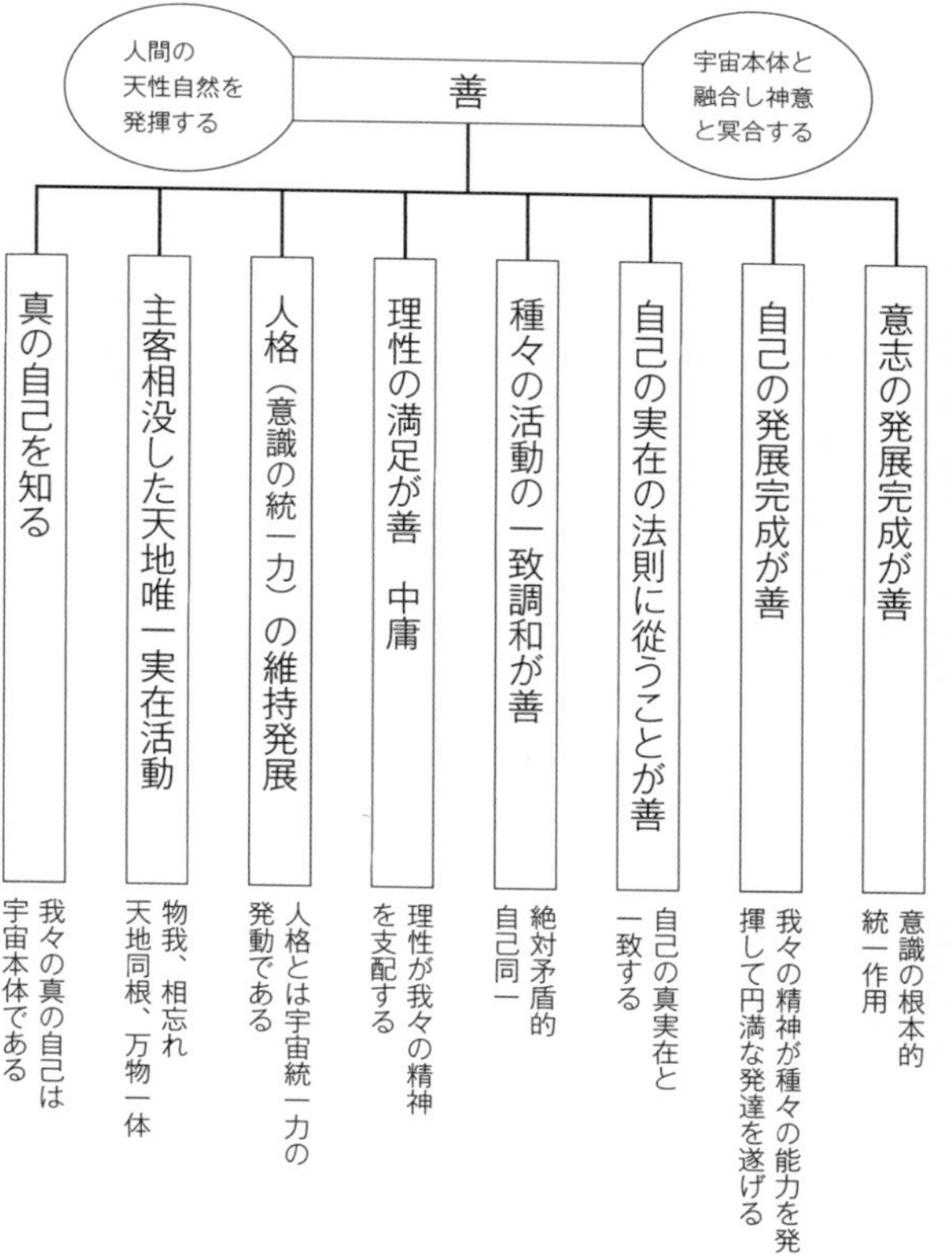

善
人間の天性自然を発揮する
宇宙本体と融合し神意と冥合する
意志の発展完成が善
意識の根本的統一作用
自己の発展完成が善
我々の精神が種々の能力を発揮して円満な発達を遂げる
自己の実在の法則に従うことが善
自己の真実在と一致する
種々の活動の一致調和が善
絶対矛盾的自己同一
理性の満足が善　中庸
理性が我々の精神を支配する
人格（意識の統一力）の維持発展
人格とは宇宙統一力の発動である
主客相没した天地唯一実在活動
物我、相忘れ天地同根、万物一体
真の自己を知る
我々の真の自己は宇宙本体である

べている。

「人間が人間の天性自然を発揮するのが善である」

このように、西田は善のある一つの切り口を表現している。例えば、竹は竹、松は松と自然界における森羅万象はその天賦を十分に発揮するように、人間も自分の天性自然を発揮するのが人間の善であると言うのである。そうして善の概念は美の概念と似ていることを次のように述べている。

「美とは物が理想の如くに実現する場合に感ぜらるのであって理想の如く実現するというのは物が自然の本性を発揮するということであって、例えば花が花の本性を現わした時最も美しいように人間が人間の本性を現した時美の頂点に達するという。善は即ち美である。たとえ行為そのものは大いなる人性の要求から見て何らの価値のないものであっても、その行為が真にその人の天性により出た自然の行為であった時は一種の美感を惹くように道徳上においても一種寛容の情を生じるのである」

図6に示した「善」の図解の説明は、少し理屈っぽくなるが基本的な問題なので、十分に理解してほしい。一時的な納得であれば心に深く刻み込まれず、確固たる信念にならないので、堅苦しい説明になるが、西田の思想の一端をしっかりと心に刻

み込んでほしい。

「善」とは何かを求めるためには、まず我々の「意志」の性質を求めなければならない。この「意志」は「意識」の根本的統一作用であり、そしてそれはまた実在の根本である統一力の表現である。

意志活動の性質は、その根底には先天的要求なるものがあって、意識上には目的観念として現れ、これによって意識統一をする。

この統一が完成した時、即ち理想が実現した時に我々は満足感を抱き、これに反した時、不満足の感情を生ずるのである。行為の価値を定めるものは、一にこの意志の根本である先天的要求にあるので、この要求、即ち理想を実現し得た時には、その行為は「善」として称賛せられ、これに反した時には悪として非難されるのである。

そこで「善」とは、我々の内面的要求、即ち理想の実現、言い換えれば「意志の発展完成である」ということになる。

世間では、義務とか法則とかで徒《いたず》らに自己の要求を抑圧して活動を束縛するのを善の本性と考えているが、この考え方は間違っている。我々は一層大なる要求を達成しなければならないものがあってこそ、小さな要求を抑制する必要が起こるのである。徒らに要求を抑制するのはかえって善の本性に反する。我々が自己の要求を満たしたり、理想を実現したりするということは、いつでも幸福である。

善の裏面には必ず幸福の感情を伴うが、快楽が即ち善であるとは言われない。快楽と幸福とは似て非なるものであって、幸福は満足によって得ることができ、満足は理想的要求の実現によってのみ得られる。

我々は場合によっては、苦痛の中にいてもなお幸福感を保つことができるのである。孔子の有名な詩に次のものがある。

「飯疏食、飲水、曲肱而枕之、楽亦在其中矣」(疏食《そし》を飯《くら》い、水を飲み、肱《ひじ》を曲げて之《これ》を枕《まくら》とす、楽《らく》もまたその中に在り)

直訳すると、粗末な食事を食べ、水を飲み、肘枕で寝ていても、その中に楽しみがある、という意味で、苦痛の中にいてもなお、幸福を保つことができるということになる。真の幸福はかえって厳粛な理想の実現によって得られるべきものである。

善とは理想の実現、要求の満足であるとするならば、この要求といい理想というものは何から起こってくるのだろうか、善とはいかなる性質のものなのだろうか。

意志は意識の最深の統一作用であって、即ち自己そのものの活動であるから、意志の原因となる本来の要求あるいは理想は、要するに自己そのものの性質により起こるのである。即ち自己の力であるといっても良いのである。

我々の意識は思惟、想像においても意志においても、いわゆる知覚、感情、衝動においても、皆その根底には内面的統一なるものが働いているので、意識現象はこの一なるものの発展完成にある。そうしてこの全体を統一する最新なる統一力が我々のいわゆる自己であって、意志は最もよくこの力を発現したものである。

このように考えてみれば、意志の発展完成は真に自己の発展完成となるのであり、善とは自己の発展完成であると言うことができる。

即ち我々の精神が種々の能力を発揮し、円満なる発達を遂げるのが最上の善である。竹は竹、松は松と、各自がその天賦を十分に発揮するように、人間が人間の天性自然を発揮するのが人間の善である。

また一方より見れば、善の概念は実在の概念とも一致してくる。一つのものの発展完成というのが全て実在成立の根本的形式であって、精神も自然も宇宙も皆この形式において成立している。こうして見れば、今自己の発展完成であるという善とは自己の実在の法則に従うということになる。即ち自己の真実在と一致するのが最上の善ということになる。

我々の善は、ある一種または一時の要求のみを満足させるものではなく、ある一つの要求は全体との関係上において初めて善となることは明らかである。例えば身体の善はその一局部の健康だけでなく、全身の健全と関係にあるのと同一である。それ故に善とは種々の活動の一致調和であると定義されるのである。我々の良心とは、調和統一の意識作用である。しかし、単に調和といってもいかなる意味で調和なのかを理解しておかなければならない。意識は同列の活動の集合ではなく、統一された一体系である。調和ということは、数量的な意味ではなく、体系的秩序の意味でなければならない。

そうであれば、我々の精神の種々の活動における固有の秩序はどのようなものだろうか。我々の精神もその低い次元においては動物の精神と同じで単に本能活動である。即ち目前の対象に対して衝動的に働くもので、単に肉欲によって動かされるものである。しかし、意識現象はいかに単純であっても必ず観念の要求を備えている。そのために、意識活動がいかに本能的であったとしても、その背後には必ず観念活動が潜んでいなければならない。どのような人間であっても、異常者でない以上は、決して純粋に肉体的欲望のみで満足するものではない。その心の底には必ずといっていいほど観念的欲望が働いている。

つまり、人間は肉体の上で生存しているのではなく、観念の上で生命を有しているのである。そして、観念活動というものは精神の根本作用であって、我々の意識はこれによって支配されるべきものである。即ちこれより起こる要求を満足するのが、我々の真の善である。とするならば、さらに一歩を進めて、観念活動の根本的法則とはいかなるものであるかを考えてみよう。これは理性の法則ということとなる。

理性の法則というのは、観念と観念との間にある最も一般的であり、最も根本的なる関係を言い表したものであって、観念活動を支配する最上の法則である。そこでまた理性というものが我々の精神を支配すべき根本能力で、理性の満足が我々の最上の善であるということになり、何においても理に従うのが人間の善であるということになる。

真の意識統一というのは、我々を知らず知らずの内に自然に表れる統一意識の作用であって、知情意の分別はなく、主客の隔離もなく、独立自全なる意識本来の状態である。我々の真人格はこのような時にその全体を現す。故に人格は単に理性ではなく、欲望でもなく、無意識衝動でもなく、あたかも天才のインスピレーションのように、各人の内より直接に自発的に活動する無限の統一力である。

図5の説明の際にも述べたように、意識現象が唯一の実在であるとすれば、我々

の人格とは真に宇宙統一力の発動である、ということになる。即ち物心の別を打破した唯一実在が事情に応じてある特殊な形において現れたものである。我々の善とはこのように偉大な実現であるから、その要求は極めて厳粛である。

真の善行というのは客観を主観に従えるのでもなく、また主観が客観に従うのでもない。主客相没し、物我相忘れ、天地唯一実在の活動あるのみという状態になるに至って初めて善行の極致に達するのである。

物が我を動かしたのでも良いし、我が物を動かしたのでも良い。元来、物と我との間に区別があるのではない。客観世界は自己の反影と言えるように、自己は客観世界の反影である。我が見る世界を離れて我はない。天地同根万物一体である。

以上、善はさまざまな角度から説明できるが、実質的には、真の善とはただ一つあるのみである。即ち真の自己を知るということに尽きる。我々の真の自己は宇宙の本体である。真の自己を知れば人類一般の善と合致するばかりでなく、宇宙本体と融合し、神意と冥合《みょうごう》するのである。

以上は『善の研究』の堅苦しい理論においてもことさら難解な部分なので、次に科学的な事例で説明をしておこう。

この重要な善の分析説明を、もう一度図5に従って遡《さかのぼ》って表現を変えながら説明を加えていきたいと思う。

結論は宇宙の本体と融合し、神意を冥合することが善であるということを、先に説明した。そのように宇宙の本体を融合するということは、天地自然の根本原理に添った意識統一を図るということである。そのためには主客合一の心境になり、宇宙プログラムの智慧を意識するための修業を積み重ねていく内に我々の意識が宇宙と一体となるように意識統一が図れるようになり、従来の小さな要求はより大きな要求を達成するために抑制する必要が生じてきて、それまでは些細なことで苛立っていたり、あるは怒っていたり、恨みに思っていたり、不安であったり、妬《ねた》みなどでストレスになっていたりしたことが一掃されてしまって、今までのエゴ中心の心境から徐々に感謝の気持ちに変化してきてリラックスして緊張が解けてくる。

これが宇宙プログラムの智慧を意識するということであって、さらにこの訓練を重ねていくと頭が冴えてきて、勘やヒラメキが旺盛になり直感力が出てくる。これを西田は「宇宙の本体と融合し神意と冥合する」と説明したわけである。この時の我々の意識状態は脳波に次のような変化で現れてくる（図7「脳波と意識の状態」一六九ページ参照）。

まだ意識統一や宇宙の根本原理を理解していない時は、自由奔放に振る舞い、欲望のおもむくままに喜怒哀楽を表し、エゴ中心の行動をとり、人間関係においても至る所でトラブルを起こし、さまざまな人から怒りや恨み、妬みを買い、反対におごりと他人への恨みを募らせることでストレスを感じ、脳波はβ波となる。このような状態が続くと精神的にダメージを受けて健康を害することになる。

四　科学的な知見と西田哲学

前述のように、西田は結論として「真の善とは宇宙本体と融合し神意と冥合することである」と言っているが、我々はこの説明では理解することが難しい。しかし、この点が一番重要なポイントになるので、もう少し掘り下げて科学的に考えてみることにしよう。

そもそも宇宙というものは、今から百三十八億年前にビッグバンによって出現したといわれている。そうして我々が住んでいる地球ができたのは三十七億年ほど前であって、その後生物が地上に現れ、進化が起こり人間ができてきた。初めは単細胞のバクテリアだとかアメーバーのようなものであったが、地球上ではビッグバンの時に書き込まれた宇宙プログラムによって智慧が働き多細胞構造が出現した。や

図７　脳波と意識の状態

脳波		ヘルツ Hz	意識	
γ	ガンマ波	30 以上	興奮、エゴ中心、 おごり、怒り、 恐怖、妬み、恨み	顕在意識
Hβ	ハイベータ波	25～30	ストレス、苛立ち、 悲しみ、不安	
β	ベータ波	13～25	緊張してゆとりのない時、気苦労	
α	アルファ波	10～13	緊張なくリラックスして頭が冴えている、喜び	潜在意識
Lα	ロー アルファ波	8～10	10Hz 以下、記憶力、理解力が高い勘やヒラメキが出る	
θ	シータ波	4～8	直感力が出る 感謝していると発生	
δ	デルタ波	1～4	深い睡眠状態で発生 超我	超意識
空		0.4 以下	全てのものへの愛 空の状態	

がて、「遺伝子」が細胞の中の染色体に組み込まれ、種族がよりよく生きるために必要な情報を自分の遺伝子に書き加えていくことができるようになった。これが「進化」となって今日に至っている。

遺伝子（DNA）研究の権威者で筑波大学教授の村上和雄氏によると、DNAの大きさは地球上の全ての人間、つまり七十億人分のDNAを集めてきても米粒一個に入ってしまうぐらい小さいそうである。こんなに小さなDNAの中に、千ページの百科事典千冊分の情報が詰め込まれている。しかも、一人の人間には約六十兆個の細胞があり、その一つ一つに同じ遺伝子が組み込まれている。これは誰が書き込んだわけでもない、宇宙プログラムの智慧がそうさせたのである。

ではなぜ、ビッグバンの時に智慧が集まったのであろうかという疑問が湧いてくる。これはビッグバンという大爆発の前は情報もゼロであるし智慧もゼロであり「無秩序」の宇宙であったが、大爆発という活動によって百八十度の転換が行われて、それまでの情報量ゼロの状態から、宇宙プログラムとしての智慧が集まり情報が集まってきたと考えれば解決できる。このことは、中山正和氏（創造工学研究所所長）がその著書『究極の問題解決学』の中で述べておられることから導き出せる。

物理学には「熱力学の第二法則」というものがあり、熱は温度の高いものから低いものへ移り、その逆は起きないという法則であるが、例えば熱い紅茶は時間がたつに従って、その部屋の気温と同じになるまで冷えるということで、この時、両者は「熱平衡」の状態にあるという。

ところで、情報というものもこの「熱の拡散」と同じように「熱力学の第二法則」に従うのである。例えば誰かが重大なニュースを流すとたちまち広がって、やがて皆がそれを知ってしまえば、そのニュースは情報としての価値を失ってしまう。これを物理では「エントロピーが増える」と言う。つまり我々の世の中では通常エントロピーは増加する。しかし、そうでないように見える場合もある。生物が次第に成長していくことは新しい秩序が作られていくことであるから、その生物についてだけ言えばエントロピーは減少することになる。我々の肉体を構成しているのは細胞であり、この細胞は一つ一つ生きていて適当な環境が与えられさえすれば自ら分裂して増殖する。それはちゃんとした「設計図」に従って行われているのであって、つまり、細胞は「情報」を自動的に集めていることになりエントロピーは、減少するということになる。

「いのち」の共生ということを「情報」という取り扱いやすい形に置き換えることができるので、「情報」に置き換えて説明すると、エントロピー増大の世界では、情報は「散逸」する。何物も自然の中に放り出しておけば壊れていく。この宇宙でさえ、いずれは全天体の間の熱のやりとりがなくなって熱平衡の状態になれば、もはや「創造」のエネルギーを失いエントロピー最大の状態となってしまう。こうなると、全体を統制する情報はないから、全ての物質はバラバラになって「秩序」がなくなるということもある。

それとは逆に宇宙創造の時に遡って考えてみると、エントロピーは極小で我々の今の世界とは違って情報がいくらでも集まってくる、何もしなくても集まってきて「智慧」もいくらでも出てくる。だから大爆発の瞬間に、今後宇宙がどのように運行され最後にどのような道をたどって破滅に至るべきかという全プログラムが組み込まれてしまったのであろうと考えられる。これを「宇宙プログラム」ということにする。

今、我々は西田哲学の言う「宇宙本体と融合し神意と冥合する」という意味を理解しようとして、こんな物理の話を持ち出しているのであるが、我々が理解に苦しむ点は「宇宙本体と融合する」という点である。

前述の説明のようにビッグバンという活動によって宇宙は「無秩序」の状態から情報と智慧が集まる状態になり、宇宙にプログラムが組み込まれたのである。そして、この「設計図」に従って全てが進行しているのである。例えば細胞の染色体の中に「遺伝子」が組み込まれて種族が進化していくのも皆この宇宙プログラムに添って進行しているからである。

西田哲学の言うところの「宇宙本体と融合し神意と冥合する」ということを科学的に表現すると「宇宙プログラムの智慧を意識して修業している内に神の心と一体となる」という言葉にも置き換えることができる。

また、言葉を換えれば、「宇宙の根本原理に基づく意識統一をすれば目には見えないが神の心と一体となる」と言えるし、さらに表現を変えると「天地自然の理に従って神の心に近づく」ということでもある。

善ということを遡って説明しているので、結論のほうが先になったが図6に従って左端から説明していくと、「真の自己を知る」というのは、我々の真の自己は宇宙の本体であるから、真の自己を知れば人類一般の善と合するばかりでなく宇宙の本体と融合し神意と冥合すると西田は考えたわけである。そうして真に自己を知り神と合する法は、ただ主客合一の力を自得するにあるのみということになる。そうしてこの力を得るには、「我々の偽我を殺し尽くして、一たびこの世の欲より死して後蘇《のちよみがえ》るのである。かくの如くにして初めて真の主客合一の境に至ることができる。

これが宗教道徳美術の極意《ごくい》である。キリスト教ではこれを再生と言い、仏教ではこれを見性《けんしょう》と言う」と、西田は説明している。

「見性」というのは禅宗の用語であって、自己に本来そなわる仏性を見抜くことである。本書のテーマは「生きる目的」を追求しているのであって、西田の言うように「この世の欲より死して後蘇る」と言ってもよく理解できない。我々は宗教家ではないので俗世間に生きており、「煩悩」の世界に住んでいる。この世の欲を全て断ち切るとカリクレス（古代ギリシアの政治家。ソクラテスを非難、嘲笑した）ではないが石ころや屍と同然になる。

私は西田の言わんとするところもよくわかる。それは二千五百年前に釈迦が、「人生は苦なり」の金言を残していることと同一である。人間は苦しむために生まれてきたのではない、苦しみの絶えない人生から苦悩の根元を断ち切って幸せになるべきだと考えたのである。そして、その方法をわかってもらうために、西田はあえて厳しい表現を使って「この世の欲より死して後蘇る」と言ったのである。苦悩の根元を断ち切るためにはこの方法しかないのであえて断言したのだろう。第五章で述べるが釈迦も同じことを言っている。

この西田哲学を前述の宇宙の創造期に置き換えて考えてみると、ビッグバン以前の宇宙は情報がゼロで秩序もゼロの状態であった。これを、釈迦の仏教用語では「無明」の状態であったと表現している。ちなみに「無明」というのは梵語《ぼんご》であって、真理に暗いことの意味である。一切の迷妄、煩悩の根源のことである。しかし、ビッグバンという「行」があったことで一度に情報と智慧が集まってきてビッグバンの前と後では情報という意味においては百八十度の転換が行われたのである。

そのために「無明」という情報ゼロの状態でエントロピーも極大の状態であったものが、ビッグバンを転機としてその瞬間にエントロピーは極小の世界が現れたのである。

宇宙プログラムを完成した「智慧」は、エントロピーが極小であったから現れたのである。百三十八億年も昔の話をしてもピンとこないと思うので、最近ビッグバンを人工的に再現させて「智慧」を集めた説明をしよう。既にマスコミで何度も報道済みであるが「欧州原子核研究機構（CERN）」にある大型加速器によって、ビッグバンを人工的に発生させて万物の質量の起源となったとされる「ヒッグス粒子」が発見されるなど色々と「智慧」を活用した画期的な成果が上がりつつある。この大型加速器はスイスとフランスの国境近くにあり、日本の研究チームも参加している。

これはもともとアメリカの父ブッシュ大統領が来日した時に、当時の宮澤喜一首相に持ちかけた話で、ブッシュ大統領は「SSC」というビッグバンの再現装置をアメリカで作りたいが莫大な費用が必要でアメリカ一国では無理なために、総額の半分はアメリカが負担するから残りの半分は日本とその他の国で負担することの協力を依頼してきた。当時は日本もバブルで好景気だったこともあって宮澤首相は、それが大統領のお土産になるなら協力させてもらいます、と回答したことも当時の新聞に小さく載っていた。

私は「SSC」に関心があったので、引き続いて注目していたが、その後アメリカの上院で「SSC」の必要性は認めるが、今のアメリカには財政上巨額すぎるという理由で否決され、この計画は立ち消えになったので残念に思っていた。その後、この装置の製造技術が向上し、「SSC」ほどの費用をかけなくても実現可能なビッグバン再現装置が開発された。今後も宇宙の成り立ちの謎に迫る夢の「智慧袋」に期待が寄せられるが、日本でも史上最大の直線型加速器「国際リニアコライダー(ILC)」という夢の施設誘致に向けた動きが本格化している。

「CERN」のものが大型円形加速器であるのに対して、「ILC」は巨大な直線形加速器でビッグバンを再現することが可能になるのではないかと期待している。これが実現すれば、エントロピー極小の世界を出現させることができるだろう。情報ゼロの状態から「智慧」が集まって「無明」というエントロピー極大の状態を次々と解消し、宇宙プログラムの全貌が次々と明らかになっていくと思う。

そうなるとこの宇宙が二重構造になっていて、見える世界と見えない世界の二つがあることも理解できるようになると思われる。現在我々は三次元までの見える世界しか認知していない。そのため科学的に説明できないような現象が起きても手の施しようがないのが現状である。だがこれは、四次元以上の目に見えない多次元、さらには数百次元の世界の存在を認知できないからであって、これも釈迦の言う「無明」と言わざるを得ないが、近い将来、こうした大型加速器によって、多次元の見えない世界があることを立証してくれると思う。

五　西田哲学が教えてくれること

西田哲学を説明するために物理の理論や仏教用語が乱入したので混乱したと思うが、西田哲学は一筋縄では理解し難い。それ故、さまざまな比喩を活用して説明を試みてきた。要するに、我々は人生を苦しむために生まれてきたわけではなく、生きることがこんなに楽しいと、この世に生まれてきたことを心から喜び合えて、毎日が輝くような生活を送れるような心境になれることが「生きる目的」であって、誰しもが「幸福になること」が「生きる目的」なのである。

「幸福になること」が「生きる目的」であるにもかかわらず、現実の生活は悩みが絶えないし、一難去ってまた一難と苦しみの連続である。はたして現世で悩みや苦しみのない生き方ができるのであろうかと疑問を持たざるを得なくなってくる。

そこで大切なことは、我々が実感しているこの苦しみや悩みの根源はどこにあるのかということになる。この根源をそのままにしておいて、ただ苦しんだり、悩んだりしているだけでは、いつまでたっても脱出することはできない。早くこの苦しみから抜け出して幸福をつかまなくてはならない。

その苦しみや悩みの根源は「無明」ということであることを私は読者に実感してほしい。宇宙においてビッグバンというとてつもない「行」がなければ、「無明」のままの宇宙は何万億年たっても無秩序のままで暗黒の宇宙であっただろう。これと同じように小宇宙である人間も「無明」のままであれば、苦悩の生涯を送らなければならない。だから西田もビッグバンならぬ「宇宙本体を融合し神意と冥合せよ」と主張したのである。

西田の言う「宇宙本体と融合し」という点が難しいので、ビッグバンまで持ち出して説明したのであるが、要するに苦悩の原因である「無明」を取り除き「智慧」を働かせば、苦悩の闇から解放されて幸福な人生が送れるということである。これは人によってできる人とできない人があるというようなことではなく、意識のある人であれば誰にでもできることである。しかし、現実には人類史上何千年を経ても苦悩が絶えていないではないかという指摘を受けるかもしれない。確かにその通りである。夏目漱石も小説『草枕』の冒頭で次のように言っている。

「智に働けば角が立つ。情に棹《さお》させば流される。意地を通せば窮屈だ。とかくに人の世は住みにくい」

夏目漱石ならずとも長い人生に苦しいことが次々と降って湧いてくる。長生きすればするほど苦しむことになる。しかし、我々は苦しむために生まれてきたのではない。

だが、世の中には違った価値観を持っている人たちもいて、あえて苦労や苦悩から逃れようとしない人生を送っている人もいる。苦労や苦悩は人生の必要悪だととらえ、諦めているように見受けられる人たちもいる。だから苦悩の根源はそのまま手つかずにして、当面の快楽のみを求めて趣味や酒の力で苦しみから一時的に逃避しようとする。だが、こうした行為は本物でないからすぐ覚めてしまう。

私は趣味や酒が悪いと言っているのではない。私も各種の趣味や酒は好きであるが、一時的に「生きがい」は感じたとしても「生きがい」と「生きる目的」はあくまで別物であることに気づいている。その点を読者にもわきまえておいてほしい。「生きがい」は生きる手段であって目的ではない。真に「生きる目的」を理解すると人生の歓喜を得ることができるのである。西田も言うように、我々はただ漠然と生きているわけではないので、日常の行為規範はどのようにあるべきかを意識しておかなければならないのである。

人間の行動はどこに帰着すべきかというその根源となるものが「善行」であることを知った今、これを旨として、宇宙の根本原理に基づく意識統一を心がければ、宇宙のリズムに乗ることができて脳波はθ波となって無明から脱出することができる。

そうなると人として生まれてきて良かったという生命の歓喜を得ることができるのである。これこそが人生の究極の目的である。

第五章
釈迦の仏教から見た「生きる目的」

一　釈迦の考えと異なる部分がある般若心経

我々日本人にとって仏教の教典の中で人気が一番高いのが「般若心経」である。解説書もたくさんあり、解釈もそれぞれに違っている。

仏教には宗派もたくさんある。それぞれを信じている人たちが自分の信じるところに従って心の拠り所となり、生きるための心の杖となり、救いとなるなら、それはそれで大変結構なことだと思う。しかし、釈迦が説いた肝心要の部分については全く理解されていないように思える。本書の目的である「生きる目的」を探求する上において、釈迦が残した純粋な真理でないと焦点が定まらないので、この点だけは明確にしておく必要がある。

(1)前提から異なる般若心経

既にご承知の通り「般若心経」は釈迦の死後五百年以上がたって「大乗仏教」という新しい宗教が現れた。その大乗仏教には各宗派があったが、その内の一宗派が釈迦の教えを部分的に受け継ぎながらも、そこに全く別の解釈を加えて「般若経」と呼ばれる何種類ものお経を何百年もの間に作ったが、その中の一つが「般若心経」である。

だから「般若心経」で述べていることは、必ずしも釈迦の考えではない部分がある。我々は釈迦の仏教から「生きる目的」を見出そうとしているので、釈迦の考え方と違う部分は明確に一線を引いて検討していきたいと思う。なお、「般若心経」はインド語の仏教聖典であり、これを漢文に翻訳したのは「西遊記」で有名な玄《げん》奘《じょう》三蔵《さんぞう》である。

まずは「般若心経」の経典に従って、佐々木閑（花園大学教授）著『般若心経』（NHK出版）を参考にしながら大乗仏教における解釈を示し、釈迦の仏教と根本的に相違する点を明確にしながら「生きる目的」を追究していこうと思う。

説明の方法は「般若心経」の経文の一節ずつに漢訳を記し、次にこれを書き下して、さらにこれの説明を加える。この説明は一般的に大乗仏教で説明している通りの解釈で、一通り説明したあとで、釈迦の教えとの相違点を記述するようにして進めていくことにする。

では経文を順に読んでいこう。訳文と解説は真言律宗観音寺住職・田原亮演氏著『般若心経を読む』から引用・要約してあり、大乗仏教の立場から解説したものである。

〈漢訳〉

観自在菩薩《かんじざいぼさつ》　行深般若波羅蜜多時《ぎょうじんはんにゃはらみたじ》　照見五蘊皆空《しょうけんごうんかいくう》　度一切苦厄《どいっさいくやく》

〈書き下し〉

観自在菩薩は、深い般若波羅蜜多を行じる時、五蘊は皆空なりと照見して、一切の苦厄を度したまえり。

〈現代語訳〉

観自在菩薩は、深遠な般若波羅蜜多を行ずる時、存在するものを構成している五つの要素は、全て空であると智慧で観察して、一切の苦しみや災いから（人を）救うのである。

インドの王舎城《おうしゃじょう》にある霊鷲山《りょうじゅせん》で釈迦が多くの修行者や弟子たちと共に瞑想《めいそう》に入り、心を静めて三昧に入っている時に、長老である舎利子は観自在菩薩《ぼさつ》に次のように質問をした。

「もし立派な若者が大変深い般若波羅蜜多を行じたいと願ったならば、どのように学べば良いのでしょうか」

この質問を受けて観自在菩薩が説きはじめたのが「般若心経」なのである。ここに出てくる観自在菩薩は求道者であり、智慧の働きがすぐれている般若波羅蜜多の体現者である。次に般若波羅蜜多を行ずるとは般若波羅蜜多という形のない命が顕《あらわ》れていることを言ったものである。

般若波羅蜜多を行ずると「五蘊」は皆空であると照見できる智慧が働くようになる。「五蘊」とは色《しき》・受《じゅ》・想《そう》・行《ぎょう》・識《しき》であって、色は形のあるもの、受は感覚、想は想念（イメージ）、行は意志の働き、識は意識・認識のことである。蘊は集まりのことであるから、この「五蘊」が空になるというのは「実体がない」ということになる。まず色についてだが、形のあるものは変化し、やがて滅する。受については痛いとか冷たいという感覚がいつも同じ状態であるわけではなく常に感覚は変化する。想は色々な物事をイメージしており、同じ物事をイメージしているのではない。行も識も同じことが言える。意志や意識は絶えず変化している。以上の五つの要素をまとめた五蘊は常に変化し、滅するため、五蘊は実体がなく空であるとしているのである。しかし、現実には体があり、感覚もイメージも意志もあるにもかかわらず、実体がないというのは、現象として一時的に、仮に五つの要素が因縁によって集まっているにすぎないということである。「照見」とは智慧で見ることであって、般若波羅蜜多が顕れたから、五蘊は皆空であると智慧で見ることができる。

これに対して釈迦の仏教では、私たち人間は五蘊の集合体であるとしている。この五つの要素がある特定の法則に従って作用し合い関係し合うことによって我々は存在しているのである。つまり、五蘊はあるというのが釈迦仏教の説明である。

ではなぜ、大乗仏教が釈迦の教えを否定するような経典にしたのかを考えてみよう。釈迦の教えを超越するようなもう一つ高次の論理をその上にかぶせ、自らが釈迦の時代の教えより上位に立つことを目指した、そういう経典であるというのが真相であろう。

なぜそうする必要があったかというと、後発のグループである大乗仏教が先行するグループを超えるために、より多くの人をひきつけようとして、魅力的な新しい教えを世に広めようとしたからである。

釈迦の仏教の考え方は基本的に自分の問題は自分で解決しなさいという厳しいものである。誰かが不思議な力で救ってくれるというものではない。本気で仏道に励むなら出家して仕事も地位も財産も家族も全てを手放さなければならない。なぜなら、毎日瞑想を続け、悟りを目指して自分の心と向きあわなければならないからである。このような修行は、古代インドのような過酷な生活の中においては無理なことであった。そこで大乗仏教は「この世は一つではない」というアイデアを生み出した。並行する世界が無数にあって、それぞれにブッダがいると想定したのである。これによって、今現在この世に存在しているブッダの数は急激に増えることになった。

大乗仏教では「仏」とか「如来」と名がつく聖者（釈迦・阿弥陀《あみだ》・薬師《やくし》・大日《だいにち》など）や、「菩薩」と名のつくブッダ候補生（観音《かんのん》・文殊《もんじゅ》・普賢《ふげん》・地蔵《じぞう》など）が数多く活躍しているが、それだけではなく「極楽」という別世界を設けて、そこには阿弥陀如来というブッダがいつでもいることにした。つまり極楽に往生すれば必ずブッダに会えるとした。さらに誓いを立てて修行をすることで自分自身がブッダになる道を歩みはじめることができるとした。こうして極楽は人々にとって憧れの場所となった。

仏教がインドから中国へ伝わったのは紀元後一、二世紀以降であるが、その時既に大乗仏教もインドで生まれていて「釈迦の仏教」と、それに加えて多種多様な大乗仏教が同じ「仏教」の名を名乗っていちどきにやって来たので、中国人は迷った末に「釈迦の仏教」ではなく大乗仏教のほうを採った。その理由は大乗仏教のほうが寛容で、万民を救済してくれる心優しい教えだと考えたからである。

確かに「釈迦の仏教」は、首尾一貫していて潔いけれども厳しいところがある。こうして中国は大乗仏教の国となり、その中国を経由して仏教が伝わった日本もまた完全な大乗仏教の国となった。

以上は、佐々木閑教授の解説を参考にしたものであるが、「生きる目的」を探究しているのに仏教の歴史の話になってしまった。それは、「生きる喜び」を体感し、「日々幸福の感謝の生活」ができて「生きていることが素晴らしい」と感じるようになるためにはどうすれば良いかを追求するには、「釈迦の仏教」を俎上《そじょう》に載せて検討する必要があるからに他ならない。

仏教の歴史を知っておくことは「般若心経」成立の背景を知ることになる。「般若心経」が釈迦の仏教とどのように違うのかを見ておくことで、現代にも通用する科学的で真に納得できる「釈迦の仏教」から真理を得ることにつながると私は考えている。したがって、「釈迦の仏教」を知るために「般若心経」の解析をもう少し続けていこう。

(2)「空」の思想を誤ってはいけない

〈漢訳〉
舎利子《しゃりし》　色不異空《しきふいくう》　空不異色《くうふいしき》　色即是空《しきそくぜくう》　空即是色《くうそくぜしき》　受想行識《じゅそうぎょうしき》　亦復如是《やくぶにょぜ》

〈書き下し〉
舎利子よ、色は空に異《こと》ならず、空は色に異ならず、色は即ち是れ空、空は即ち是れ色なり。受・想・行・識もまた是《か》くの如《ごと》し。

〈現代語訳〉
舎利子よ。形あるものは空に他ならない。空は形あるものに他ならない。形あるものは空である。空なるものが形あるものとして顕れている。感覚・想念・意志・意識も同様である。

ここでは空《くう》について説かれている。空の理解の仕方は、二通りあって一つは、言葉による理解で、もう一つは実践による理解である。言葉による理解というのは、五蘊皆空《ごうんかいくう》で述べたように、空は実体がないということで、実体がないとは、固定性がなく、因縁によって成り立っているということである。因縁によるとは、原因と条件の関係によるということである。

例えば、ここに原稿用紙があるが、初めから原稿用紙があったわけではない。どこかの山から紙の原料になる木を因縁によって切り出し、どこかの製紙会社で職人たちによって加工され、今私の手元にある。この間、実に多くの因縁が関係している。もし一つでも因縁が違っていたら、この原稿用紙は私の手元にはなかったかもしれない。そうしてこの原稿用紙は私の手元にきた時点から、文字が書かれて滅へと変化が始まり、やがて印刷所へ送られ、何日か先には廃棄されるのも因縁である。

このように「空」とは因縁によって成立しているといえる。そのために実体がなく、固定性がないともいえる。

仏陀の「空」は、我々の常識を超える世界である。真に「空」と同化する存在となる場合、それを「法身《ほっしん》」を獲得するという。これが本当の解脱、つまり「無余涅《むよね》槃《はん》」である。仏陀と呼ぶ存在はこの「無余涅槃」された方のことをいう。

以上のような存在としてこの世の全てが一つになって「法身」を獲得した仏陀にとっては「自分と他者の区別もなくなる」し、「他の人の幸福を願う心が、自分の幸福を実感する心」つまり「慈心《じしん》」となる。また「他の人の苦を取り除こうと願う心が自分の苦を取り除くのと同じになる心」、つまり「悲心《ひしん》」となり、さらに「他の人が喜びを得ることを願う心が、自分の喜びを得る心」つまり「喜心《きしん》」となり、それだけではなく「他の人が、恨みや怒りを捨てることを願う心が、自分の恨みや怒りを捨て去る心と一つになる」つまり「捨心《しやくしん》」の境地が生まれる。以上の四つの心境が「慈悲喜捨の心」、別名「仏陀の四無量心」と言われている。

本当の理解はこれを実践と直感を通して意識の上で納得するしかないようである。

次に経文の「色は空に異ならず（色不異空）」と「空は色に異ならず（空不異色）」は同じことを述べており、「色は即ち是れ空」とは形あるものは空であるということになると、大切にしていたものまで否定されるようで虚《むな》しさを覚えると思うが、しかし、これはどうすることもできない真実であって、虚しさを覚えるのは形あるものにとらわれているからであるとなる。形あるものは因縁によって成り立っているだけである。

次に、「空は即ち是れ色」とは、空なるものが形あるものとして顕れているということである。つまり因縁が働いて形あるものとしてありのまま存在しているということである。

本来、ありのまま存在しているものに対して、例えば善し悪しの判断や、好き嫌いの感情など入る余地はないのにもかかわらず、とらわれの心が働くから、どうしても感情が入ってしまう。「空は即ち是れ色」の意味は、固定性がなく因縁によって成り立っているものが、形あるものとして顕れているということである。感覚（受）、想念（想）、意志（行）、意識（識）も形あるもの（色）と同じように表すことができるというのである。

「亦復《やくぶ》」は同様という意味である。

このように、釈迦がこの世を形成している一番大本の存在要素（法）だと言ったものには、そもそも実体がないのだから、それらが生まれたり、消えたり、汚れたり、きれいになったり、増えたり、減ったりしているように見えるのは全て錯覚だというわけである。釈迦が説いたこの世のあり方を無化する言葉である。また、釈迦はこの世の本質を「諸行無常」と見抜いたのであるが、ここではその「諸行無常」の原則さえも否定されている。そして、この世の真のありさまは釈迦の智慧を超えた、もっと深遠なものだと大乗仏教は述べているのである。

〈漢訳〉
舎利子《しゃりし》 是諸法空相《ぜしょほうくうそう》 不生《ふしょう》 不滅《ふめつ》 不垢不浄《ふくふじょう》 不増不減《ふぞうふげん》

〈書き下し〉
舎利子よ。是《こ》の諸法は空の相にして、生ぜず、滅せず、垢《あか》つかず、浄《きよ》からず、
増さず、減らず。

〈現代語訳〉
舎利子よ。一切の存在するものは空であるから生ずることも滅することもなく、
汚れることも浄まるということもなく、増えることも減ることもない。

「是の諸法」とは、一切の存在するものを指している。存在するものとは、ものだけでなく、心の働きも含めたものである。もし存在するものに固定性があって、因縁の関係がなければ、存在するものは生じたり、滅したりすると言うことができる。

ところが存在するものは空、即ち固定性がなく因縁によって成り立っているのだから生じることも滅することもない。同様に汚れることもなく、浄まることもない。また、同様に増えることも減ることもないのである。

〈漢訳〉

是故《ぜこ》空中《くうちゅう》　無《む》色《しき》　無《む》受想行《じゅそうぎょう》識《しき》　無《む》眼耳《げんに》鼻《び》舌身意《ぜつしんに》　無《む》色声《しきしょう》香味《こうみ》触法《そくほう》　無《む》眼界《げんかい》

乃至《ないし》無《む》意《い》識界《しきかい》

〈書き下し〉

この故に、空の中には、色も無く、受も想も行も識も無く、眼も耳も鼻も舌も身も意も無く、色も声も香も味も触も法も無し。眼界も無く、乃至、意識界も無し。

〈現代語訳〉

この故に、空の立場においては、形あるものも、感覚も、想念も、意志も、認識もない。眼も耳も鼻も、舌も、体も、こころもない。形あるものも、声も、香りも、味も、接触という対象も、こころのはたらきという対象もない。眼のはたらきの範囲から意識のはたらきの範囲にいたるまでの一切はないのである。

「空の中」とは空という立場においては、という意味である。ここでは存在するものと、それに対する機能、対象、認識の働きは空であることを述べようとしている。眼《げん》・耳《に》・鼻《び》・舌《ぜつ》・身《しん》・意《に》とは、眼根《げんこん》、耳根《にこん》、鼻根《びこん》、舌根《ぜつこん》、身根《しんこん》、意根《いこん》のことで、これらを「六根」という。根とは機能、能力のことである。六根は知覚の器官のことで、意根は、思慮をめぐらせる機能を持っているということである。空の立場においては、六根《ろっこん》はないということになる。つまり、六根は機能という働きだけであって固定性がなく因縁によって成り立っているというわけである。次の色《しき》・声《しょう》・香《こう》・味《み》・触《そく》・法《ほう》とは色《しき》境、声《しょう》境、香《こう》境、味《み》境、触《そく》境、法《ほう》境のことである。これを六境《ろっきょう》という。境とは、対象の意であって器官によって知覚されたり、心によって認識されたりする対象である。何の対象になるかといえば、六根の対象になる。眼は形のあるものを見る。つまり、形のあるものを対象としている。同様に耳は声、鼻は匂い、舌は味、身は触を対象としている。そうして、意は法を対象とする。ここにいう法とは、心のあらゆる働きを指す。これら六根は、空の立場からすれば「無い」とされる。つまり、六境は六根の対象というだけであって、固定性がなく因縁によって成り立っているというわけである。ちなみに、六根と六境を合わせて十二処《じゅうにしょ》という。十二処とは、十二の拠り所という意味である。

次に「眼界も無く、乃至意識界も無し」とあるが、この説明の前に眼識、耳識、鼻識、舌識、身識、意識の六識のことを知っておく必要がある。眼識とは眼根から入ってくる視覚の認識、例えば赤とか白とか色彩を識別する働きをいう。同様に、耳識は耳根から入ってくる音を識別し、鼻識は鼻根から入ってくる匂いを、舌識は舌根から入ってくる味を、身識は身根から入ってくる感触を、意識は意根の心の働きを認識する。つまり六識《ろくしき》は認識することをいうのである。

これで六根、六境、六識が出揃ったが、これらの関係はどのようになるのであろうか。

眼の働きを例にとると、眼根が色境を対象として、眼識が識別するという関係になる。具体的に言うと、「眼が花を見て、赤い花だとわかる」ということである。この場合、「眼が見る」は眼根、「花を」は色境、「赤い花とわかる」は眼識の働きということになる。

つまり六根が六境を対象として、六識が識別するということである。

これら六根、六境、六識の各々はそれぞれが働きの範囲を持っていて、この範囲のことを界という。界の数は、六根、六境、六識、合わせて十八界《じゅうはっかい》となる。十八界は次のように表される。

根　眼界・耳界・鼻界・舌界・身界・意界
境　色界・声界・香界・味界・触界・法界
識　眼識界・耳識界・鼻識界・舌識界・身識界・意識界

経文の「眼界も無く、乃至、意識界も無し」の眼界は根の最初に挙げられている眼界であり、意識界は識の最後にある意識界のことである。この箇所は、十八界について説いているので、眼界から意識界までの間を省略して「乃至」と表している。十八界は、個人の存在を構成しているとも言える。

二　釈迦の論理的な「空」の思想

釈迦の時代の「空」と大乗仏教の「空」は同じではない。この点は第六章において再度詳しく説明をするが根本的に相違しているのである。

ここでは「空」に対する両者の見解の相違の概要を説明しておこう。

釈迦は確かにこの世に「絶対的な私」などはないと言ったが、それを構成している基本要素も存在しないとは言っていないのである。

これに対して、その基本要素（現代でいえば素粒子）も非実在であり、錯覚であると主張したのが大乗仏教の「空」である。ここが両者の根本的な違いである。

釈迦の「空」ならば、基本要素は実在し、それらの間の法則性も真実であるから、科学者が素粒子を研究することによって、この世の本当の姿をとらえることができるように、我々も釈迦の教えに従ってこの世を見れば、世の中を正しく理解することができるということになる。ところが大乗仏教の「空」では、そういった法則性そのものが錯覚なのだから、いくら智慧を絞って世の中を分析しても見えてくるのは架空の現ればかりであって、この世の真の姿はその奥に隠れたままである、ということになる。それはもう言葉では表すことのできない神秘の世界なので「空」としか言えない。

大乗仏教が「この世は空である」と言う時、そこにはこういった神秘に裏付けされた不可知な世界が想定されているのである。

何から何まで空ということになると、この世は何の手ごたえもない霞か雲か霧の中のような状態になって、はなはだ心もとない気になる。しかし、これが「般若心経」の考え方である。

釈迦は紀元前の人であるが、全体的な思想としては現代から見てもかなり論理的、理性的にこの世をとらえている。

(1)「無明」こそ諸悪の根源であることを知る

〈漢訳〉

無《む》無《む》明《みょう》　亦《やく》無《む》無《む》明《みょう》盡《じん》　乃至《ないし》無《む》老死《ろうし》　亦《やく》無《む》老死《ろうし》盡《じん》
〈書き下し〉

無明も無く、また、無明の尽くることも無し。乃至、老も死も無く、また、老と死の尽くることも無し。

〈現代語訳〉

無明もなく、無明の尽きることもなく、乃至、老いも死もなく、老いと死が尽きることもない。


ここは十二支《じゅうにし》縁起《えんぎ》を述べたものである。十二支縁起は人間の苦悩の根源とは何かを追求したものである。苦悩の根源を絶つことによって苦悩を滅するための十二の条件を系列化して挙げており、苦悩の因果を明らかにしようとしたものである。そうして苦悩の根源は無知にあるとしている。

十二支縁起を列記すると無明《むみょう》・行《ぎょう》・識《しき》・名色《みょうしき》・六入《ろくにゅう》・触《そく》・受《じゅ》・愛《あい》・取《しゅ》・有《う》・生《しょう》・

老死《ろうし》となる。無明とは、無限といっていいほどの過去から続いている無知のことである。智慧が働いていないので何もわかっていないことになる。苦悩の根源といえる。

行は無知によって作られた業《ごう》のことである。識は、六識のことで名色は、五蘊と同じことである。六入とは六根と六境のこと、つまり認識を成立させる器官と対象のことをいう。触とは接触のことである。受は、苦・楽などの感覚をいう。愛は渇《かつ》愛《あい》のことである。渇愛は、のどが渇いて水を求めるように貪る心の状態をいう。取は執着のことである。有は生まれさせ、生存を続けさせる力をいう。有によって輪《りん》廻《ね》の生存を続けるとされている。生は生まれることをいう。老死は、老い死んでいくこと。生と老と死は、苦悩そのものである。この十二支縁起の因果の展開は次のようになる。

無明が生ずれば行が生ず。行が生ずれば識が生ず。触が生ずれば受が生ず。受が生ずれば愛が生ず。愛が生ずれば取が生ず。取が生ずれば有が生ず。有が生ずれば生が生ず。生が生ずれば老死が生ず。

因果の展開からすれば「無明が生ずれば」が因であり、「行が生ず」が果になる。以下、同様に展開していく。このような展開を流転《るてん》の縁起という。苦悩の起こりを明らかにしたものである。

つまり、無知が根源的な原因であり、そのことによって老い、死ぬという苦悩となることを表している。

またこれと逆の展開もある。無明が滅尽《めつじん》すれば行が滅尽する。行が滅尽すれば識が滅尽する。以下同様に展開し、生が滅尽すれば老死が滅尽するとなる。

因果の展開からすれば「無明が滅尽すれば」が因になり、「行が滅尽する」が果になる。以下、同様に展開していく。このような展開を還滅《げんめつ》の展開という。これは苦悩の消滅を明らかにしたものである。

つまり苦悩の根源である無知を滅すれば老と死は滅することを表している。

この箇所の経文は、もちろん空の立場においてとらえていることであって、空の立場から見れば無明はないといえる。無明はないのであるから無明が尽きることもなく、老いと死もないのであるから、老いと死が滅することもない。「乃至」は無明老死以外の他の十二支縁起の条件もなく、尽きることもないということである。

前の部分に引き続いて「あれがないから、これもない」方式で全宇宙を「空」化しているが、ここで注目すべきは「無明」と「老」と「死」そして「苦集滅道」を実在しないとしていることである。これは実は大変なことである。「十二支縁起」

も「四諦」もそんなものはないと言ってしまうのであるから大胆である。釈迦の仏教は、あらゆる苦しみの根源は無明にあり、この無明のせいでさまざまなよからぬ状態が連鎖的に起こり、最後には「老死」の苦悩に悶《もだ》えることになる。故に心の修練を繰り返し、苦悩の根源となっている無明をとにかく滅しなさいと指導したのである。それができれば老死によって起こる苦悩も消滅すると説いていたのである。

釈迦が苦労して見つけた「四諦」も「八正道」もないというのである。これは釈迦の時代の教えの全否定に近いことになる。

ではなぜ「般若心経」はこのような内容になるのだろうか。それはそれまで信じられていたこの世の「因果則」を何とか変更したかったからである。霞か雲の如き「空」の思想を持ち出したのも究極のところそのためで、厳正に決まっている宇宙の法則性をどうしても変更可能にしたかったのである。

(2)因果則から逃れることはできない

〈漢訳〉

無《む》苦《く》集《じゅう》滅《めつ》道《どう》　無《む》智《ち》亦《やく》無《む》得《とく》

〈書き下し〉

苦も集も滅も道も無く、智も無く、また、得も無し。

〈現代語訳〉

苦しみも、苦しみの原因も、苦しみの滅も、苦しみにいたる道もなく、悟りの智慧もなく、また、悟りの体得もない。

「苦・集・滅・道」は、苦諦《くたい》、集諦《じったい》、滅諦《めったい》、道諦《どうたい》のことである。これらを四諦《したい》という。諦には、悟り、真理、明らかにするなどの意味がある。四諦は四つの真理のことである。

苦諦は苦の真理の意で、苦とは何かを明らかにすることである。

集諦は苦の原因の真理の意で、苦の原因は何かを明らかにすることである。苦の原因は、無明である。無明によって悪業が作り出され、その悪業からさらに悪業が作り出されるというように、悪業が積み重ねられる。このことはやがて苦になってくる。

滅諦とは苦集滅諦のことであり、苦の滅、無明の滅をいう。苦と無明を滅すれば平安の境地になる。しかも、真の平安の境地である。滅諦とは苦の滅の真理の意である。

道諦とは苦の滅に至る道の真理の意である。この真理は、実践の真理である。その実践とは八正道である。

八正道とは、正見《しょうけん》、正思惟《しょうしゆい》、正語《しょうご》、正業《しょうぎょう》、正命《しょうみょう》、正精進《しょうしょうじん》、正念《しょうねん》、正定《しょうじょう》の八つの道をいう。この中で重要なのは正見である。

正見とは、正しい見方のことで、正しい見方とは、物事をありのままに見ることである。我執の働きがあれば、ありのままに見ることはできない。我執の働きを離れた境地で見ると、見る対象のほうからありのままを見せてくれる。ありのままを見ることによって、正しい考え（正思惟）が出てくる。正しい考えができるようになるから、正しい言葉（正語）、正しい行い（正業）、正しい生活（正命）、正しい努力（正精進）が行われるようになる。その結果、正しい思い（正念）となるわけである。

正しい思いとは、心を正しい状態に保つことである。さまざまな事象に心を揺り動かされないことである。そのことから正しい心の統一（正定）が実現されるのである。心の統一を深めることにより、悟りが可能となってくるのである。

瞑想は、正定の具体的な実践であるといえる。また正定によって正見ともなるから正定と正見は別々の道ではなく、不可分な関係にあるといえる。

次に「正しい」とは、正定を実践し、正見を体現することにより、体験的にわかることで、とらわれのない境地になれば自ずと「正しい」という意味が理解でき正しくなっていくものである。この八正道の実践によって、苦が滅するとの教えが道諦である。

空の立場においては、苦はないといえる。苦がないから苦の原因はないし、苦の滅もない。苦の滅がないから苦の滅に至る道諦もないといえる。つまり、苦集滅道の四諦はないということになる。

次は「智も無く、また、得も無し」について述べておこう。「智」とは悟りの智慧のことであり、真理をつかむ能力といえる。「得」とは悟りの体得のことである。「悟り」を体験した人によると、「悟り」を求めていた時は「悟り」の智慧という実体のようなものがあると思っていたが、実際に「悟り」を得て歓喜の宗教体験をしたあとは、あれほど求めていた「悟り」を求める心が消えてしまって「悟り」へのとらわれがなくなってしまうと言われている。この経文は、空の立場においては、「悟」の智慧も「悟」の体得もないと説かれているが、まさにその通りであると実体を述べている。

この世の法則性を仏教では「因果」というが、これはインドで仏教が誕生する前から世界に広く定着していた「業」や「輪廻」の思想を土台として出来上がっていた。

「業」とは我々が何らかの意思を持って物事を行おうとする際に発生するパワーのことで、悪いことをすれば「悪業」となり、善いことをすれば「善業」のパワーが生まれる。

業にはいくつかの厳格な法則があって、いったん発生した業は自然消滅することはない。必ず報いとしてなにがしかの結果をもたらす。悪事を働いたけれども、その後反省して善い行いをたくさんしたからといって帳消しになるということはない。業のパワーは必ずその報いを運んでくる。但しその結果はいつ現れるかはわからない。この件に関しては第六章で述べるが、関英男博士（東京工業大学・電気通信大学の教授を歴任）が『高次元科学2』の中で述べていることにつながる。宇宙には巨大なコンピューターのように正確な記録の仕組みがあって、あらゆる事象を捨てずにキャッチして記録しているそうである。その結果は必ず実現すると述べているが、これは釈迦が言っていることと一致する。つまり、物事がうやむやに終わることは絶対にないということであり、厳しい法則である。もう一つ別の法則は、業と、その結果との関係は一回限りであるということである。業の結果が原因となって、またその次に別の結果が現れる、といった連鎖関係はない。ある業が原因となって結果が現れたら、それでその因果関係は終了となり、あとに尾を引くことはない。もし仮に尾を引くようなことになると、我々はいつまでたっても業のパワーを止めることができない。釈迦が考えた仏教の目的は煩悩を消すことによって、業のパワーを消して輪廻を止めることにあるのであるが、それは業が連鎖しないという前提の上に成り立っているのである。

そうして「善」いことをすると、人はその業の結果として楽しいところに生まれ変わり、「悪」いことをすれば苦しい場所に生まれ変わる。どちらにしろ業は我々をどこか次の世界へと引っ張っていく。そしてそこでまた、「老い」と「病」と「死」の苦しみに悶えねばならない。たとえ楽しい天に生まれたとしても、やはりそこにも寿命があり、死の恐怖はある。輪廻することそのものが究極の苦である。だから、その業のパワーを消して、二度と生まれ変わることのない静寂な境地である「涅《ね》槃《はん》」を目指そう、それこそが真の幸福へと向かう道である、ということになる。

　このように釈迦は完全に業を滅し、二度と輪廻することのない安らかな「涅槃」に至ることを仏教の至上目的としたのである。

　ではそのためにはどうすれば良いのだろうか？　釈迦は輪廻を断ち切り、涅槃を目指すためには、「この世では善いことも悪いこともしてはいけない」と説いた。なぜ善いことをしてはいけないのかというと、我々が心の中で「善いことをしてやろう」とか「私はこんな善いことをしたぞ」という強い思いを持つからである。つまり自分を「善いことをする人間だ」と強く意識しながら行動することが業につながるのである。だから、大切なのは自我意識を捨てて自然と人のための行動がとれるなら、それは実に素晴らしいことである。釈迦が考えた「善いこと」とはこのような自我意識を捨てた善行なのである。決して「善いことをするな」などと言っているわけではない。釈迦の慈悲は、平常心のまま人を助けるところに大きな意味がある。

　このような視点に立っていた釈迦は、業のパワーを消して輪廻を止めるための特別な道として仏教という宗教を創ったのである。

　このようにして一切の業を作らず、ひたすら煩悩を消すことだけに打ち込む特別な生活スタイルをとることこそ、自分を変えて心の苦しみを消すための病院となるのである。

世の中の「因果則」というものは厳然たるものであって変えることはできない。だから、特別な努力をして自分の心のあり方のほうを変えよう。それによって生きる苦しみに打ち勝っていこうと考えるのが「釈迦仏教」である。

これに対して「大乗仏教」は自分を変えるのではなく、逆に世の中の「因果則」を変えるようにしたのである。そのポイントは「利他」と「回向」という考え方で、本書の目的と少し離れるのでごく簡単に説明すると、大乗仏教では「善行」を日常の中で積んでいけば悟りに近づけるとしたのである。

釈迦は現世的な善行は業を生むばかりだから、涅槃を目指す者は輪廻が続くような業はしてはならないと唱えた。それに反して大乗仏教はなぜ、それを勧めたのかというと、ここに「回向《えこう》」というものが大きく関係してくる。

大乗仏教では、善行のエネルギーはそのままブッダになるためのエネルギーに使える、それを可能にするのが般若波羅蜜多の徳であると言って、本来なら絶対に転換不可能な「原因」と「結果」の関係にひねりを入れて望む方向に転向させたのである。

これを「回向」という。なぜそんなことができたのかというと「空」という概念によって、それまでの世の中のあり方の決まりごとを幻にしてしまったからである。それらを皆、「空」としてリセットしたからこそ、このようなことが可能になったのである。

(3) 自分が変わる力を持つには

〈漢訳〉

以無所得故《いむしょとくこ》　菩提薩埵《ぼだいさった》　依般若波羅蜜多故《えはんにゃはらみたこ》　心無罣礙《しんむけいげ》
〈書き下し〉

得る所無きを以《もっ》ての故に、菩提薩埵は般若波羅蜜多に依るが故に、心に罣礙《けいげ》無し。

〈書き下し〉

一切の存在も、教説も、悟りの智慧も、悟りの体得もないのは、求道者が般若波羅蜜多に基づいているからである。そのために心を妨げるものがないのである。

「得る所無き」とは、「色も無く、受も想も行も識もなく」から「智も無く、また、得も無し」までを指したものである。即ち、五蘊、十二処、十八界などの一切の存在も、十二支縁起、四諦の教説《きょうせつ》も、悟りの智慧も、悟りの体得もないことを述べたものである。「菩提薩埵」とは悟りを求めて修行する求道者のことである。

次に「菩提薩埵は般若波羅蜜多に依る」について述べると、これは菩提薩埵は悟りの根拠となる般若波羅蜜多に基づいてとの意味であり、悟りの根拠とは、般若波羅蜜多という命が顕わになることにより悟りを得ることができるということである。この般若波羅蜜多によって「心に罣礙《けいげ》無し」となるのである。

「罣礙《けいげ》」とは、覆うものの意である。心を覆って智慧の働きを妨げるものが罣礙《けいげ》である。つまり、煩悩や迷い、善悪などの意識や働きのことである。「心に罣礙《けいげ》無し」は般若波羅蜜多によって、これらの働きがないことを表している。

〈漢訳〉

無《む》罣礙《けいげ》故《こ》　無有恐怖《むうくふ》　遠離《おんり》一切顛倒夢想《いっさいてんどうむそう》　究竟《くきょう》涅槃《ねはん》

〈書き下し〉

罣礙無きが故に、恐怖有ること無く、一切の顛倒夢想を遠離して、涅槃を究竟す。

〈現代語訳〉

心を妨げるものがないので、恐れがなく、物事をさかさまに見ることを遠く離れて、完全な平安の境地に入るのである。

「恐怖」は恐れることである。恐れは自己が可愛いから、つまり自己がなくなることへの不安から生じるものである。このことも煩悩の働きである。したがって、心を覆う煩悩の働きがなければ、恐れはない。「一切の顚倒夢想」の一切は意味を強めるためのもので「顚倒」とは、物事をさかさまに見ることである。例えば、誤っていることを正しいと間違って判断したり、変化しているのに変化していないと見誤ることをいう。これらの見方は、真実を見ていないので顚倒という。「夢想」は夢の中で想うことであり、真実ではないので、顚倒と同じ意味である。「遠離」とは遠く離れることであり、「涅槃」は、一切の迷いから離れた境地、煩悩の火が消された境地のことで完全な平安の境地である。

「究竟」とは極め尽くす、達成するの意である。したがって、「涅槃を究竟す」とは、完全な平安の境地に入るということである。

〈漢訳〉
三世《さんぜ》諸仏《しょぶつ》　依《え》般若波羅蜜多故《はんにゃはらみたこ》　得阿耨多羅三藐三菩提《とくあのくたらさんみゃくさんぼだい》

〈書き下し〉
三世の諸仏も般若波羅蜜多によるが故に、阿耨多羅三藐三菩提を得たまえり。

〈現代語訳〉
過去・現在・未来の三世において悟られた諸々の仏も、般若波羅蜜多によって、この上ない正しい悟りを実現されたのである。

「三世」とは、過去世・現在世・未来世のことである。本来、時間は過去・現在・未来に関係なく連続して流れている。始めもなく、終わりもない。三世は、その時間の流れを三つに分けたものである。ここでは般若波羅蜜多によって、三世の諸仏もこの上ない正しい悟りを得られたと言うのである。般若波羅蜜多の働きが、ここでも説かれている。空海は著作『般若心経秘鍵』で、般若波羅蜜多の重要性を述べている。「般若心経」は、簡略であって要領を得ており、簡略でありながら深遠であるとして次のように説いている。

「経・律・論・般若・陀羅尼《だらに》という五蔵《ごぞう》の聖典《しょうてん》に説く悟りの教えは、行深般若波羅蜜多という一句に含まれていて尽きることがなく、三論《さんろん》・成実《じょうじつ》・法相《ほっそう》・倶舎《くしゃ》・律《りつ》・天台《てんだい》・華厳《けごん》という七宗《しちしゅう》のそれぞれの修行の成果は、三世諸仏から三菩提までの一行に全て包み込まれている」

空海は、五蔵に説かれている悟りは、般若波羅蜜多によるのであり、七宗の修行の成果である悟りも般若波羅蜜多によるものであるとして般若波羅蜜多を重要視している。

また、『大般若経』において次のように説いている。

「般若波羅蜜多はそのまま仏世尊《ぶっせそん》であり、仏世尊はそのまま般若波羅蜜多である。なぜであるか。すべての如来《にょらい》・阿羅漢《あらかん》・正等覚者《しょうとうがくしゃ》は、ことごとく般若波羅蜜多によって生れ出ることができるからである」

つまり、般若波羅蜜多は、尊い仏と同じであり、如来・阿羅漢・正等覚者は、般若波羅蜜多によって悟られたのであるということである。

〈漢訳〉
故知《こち》般若波羅蜜多《はんにゃはらみた》　是《ぜ》大神咒《だいじんしゅ》　是《ぜ》大明咒《だいみょうしゅ》　是無《ぜむ》上咒《じょうしゅ》　是無《ぜむ》等等咒《とうどうしゅ》　能除一《のうじょいっ》

切苦《さいく》　真実《しんじつ》不《ふ》虚《こ》故《こ》

〈書き下し〉

故に知るべし。般若波羅蜜多はこれ大神咒なり。これ大明咒なり。これ無上咒なり。これ無等等咒なり。能《よ》く一切の苦を除き、真実にして虚《こ》ならざるが故に。

〈現代語訳〉

だから次のように知るべきである。般若波羅蜜多は、これこそすばらしい力のある不思議な真言であり、これこそ光り輝く智慧の真言であり、これこそ最高の真言であり、これこそ比較するもののないすぐれた真言である。この真言は、よく一切の苦を除いてくれる。このことは真実であり、嘘いつわりもない。

「故に知るべし」とは、前の経文にあるように、三世の諸仏は般若波羅蜜多によってこの上ない正しい悟りを得られた、これほどに般若波羅蜜多は偉大な力を持っているということを強調した表現である。そして、このような理由から、般若波羅蜜多は大神咒であると知るべきであると言うのである。咒とは、マントラの訳であり、マントラはバラモン教の神聖な呪句《しゅく》である。この呪自体に神聖な力が宿っているとして祭祀《さいし》で唱えられていた。このマントラはバラモン出身の修行僧によって仏教教団に持ち込まれたとされている。ブッダは初めこれを禁じたが、後《のち》に毒蛇、歯痛、腹痛などを治癒させるための使用が許可されたと言われている。

マントラは、呪・明呪《みょうしゅ》・真言などと訳されている。真言とは、如来の言葉の意である。

「是れ大神呪」の「是れ」は、意味を強める言葉である。したがって、「是れ大神呪」とは、これこそ素晴らしい力のある不思議な真言ということである。同様に「大明呪」は、光り輝く智慧の真言、「無上呪」は最高の真言、「無等等呪」は比較するもののないすぐれた真言の意である。般若波羅蜜多は、諸仏をこの上ない正しい悟りに導く働きがあるばかりでなく、さらに能く一切の苦を除く、とここでは説かれている。

〈漢訳〉

説般若波羅蜜多呪《せつはんにゃはらみたしゅ》　即説呪曰《そくせつしゅわつ》

掲諦掲諦《ぎゃていぎゃてい》　波羅掲諦《はらぎゃてい》　波羅僧掲諦《はらそうぎゃてい》　菩提薩婆訶《ぼうじそわか》

般若心《はんにゃしん》経《ぎょう》

〈書き下し〉

般若波羅蜜多を説く咒あり。即ち咒を説いて曰く、

掲諦掲諦　波羅掲諦　波羅僧掲諦　菩提薩婆訶

般若心経。

〈現代語訳〉

般若波羅蜜多を説く真言がある。

ギャーテー　ギャーテー　ハラギャーテー　ハラソーギャーテー　ボージ

ソワカ

般若波羅蜜多の心髄のお経。

般若波羅蜜多を説く真言が、掲諦以下の真言である。真言は唱える言葉である。この言葉には音そのものに力があるので、これを翻訳しないというのが、漢訳経典の伝統とされている。また、真言は、漢字で音写しているだけなので、その漢字の持っている意味は全く関係はない。掲諦以下の真言は、文法的には正規の梵語ではなく、俗語的な用法とされており、正確な訳は不可能とされている。

最後は「般若心経」となっているが、詳しくは「般若波羅蜜多心経」である。つまり「般若波羅蜜多の心髄のお経」となる。

三　釈迦の仏教が求めていること

以上、一般的に解説されている「大乗仏教」の「般若心経」の解説に加えて「大乗仏教」と「釈迦の仏教」との相違する点を対比して述べてきたが、人それぞれの苦悩はさまざまであって、対応も人によってそれぞれに違って当然だと思う。だから、釈迦が説く「修行一筋の道」では救われない人たちのために、不思議な力に身をまかせ、そこに抱かれることで安らぎを得たいと願う人たちがいることは確かであり、私も実例をいくく例も知っている。

だが、降りかかる苦難を次々と解決してもあとからさらに大きな苦難を抱え込まざるを得なくなるような人たちが大勢いることも事実である。そういう人たちは限界にきていて、何とか神仏に安らぎを得る道しか残されていないのである。その人たちのための「大乗仏教」が説く「般若心経」であれば「釈迦の仏教」を否定した独自の仏教として存在価値があると思う。

しかし、ここで峻別しておかなければならない大切なことは、解説の中でも述べたが、「釈迦の仏教」の全面否定に近いことになる「因果則」を変更したことである。大乗仏教は「空」の思想を持ち出し、宇宙の原則に反して「因果則」を変えてしまおうとした。「釈迦の仏教」は「因果則」は厳然たるものであって変えることはできないから、特別な努力をして自分の心のあり方のほうを変えようと主張した。

それによって苦悩に打ち勝っていこうと考えたのである。即ち自助努力によって一つずつ煩悩を消し、その果てに悟りを得るという近道のない厳しい精神鍛練の道であった。

一方、大乗仏教の考え方は「利他」と「回向」によって、本来ならば絶対に転換不可能な原因と結果の関係を変えてしまった。

確かに大乗仏教のほうが手っ取り早く効率も高いと思う。しかし、宇宙の真理を曲げて大衆に仏教を説き、空の思想を持ち出して神秘的にして、天地自然の法則まで曲げてしまっては欺瞞《ぎまん》行為であると言わざるを得ない。それによって救われた人もいるなら、それはそれでいいのだろうが、病気を例にすれば、完全治癒したわけではないので、いつかまた再発の恐れがあるかもしれない。本当に全快したのであれば真の喜びが得られると思うが、完全治癒ではないので、不安がつきまとってしまう。

(1)宇宙プログラムを意識して生きる

本書のテーマである「生きる目的」は「人生の真の幸福」を得ることである。ただ単に苦悩を解決して幸せになったということにとどまらず、人間に生まれてきて良かったという生命の歓喜を得て、生き生きとして輝いていることが全ての出発点である。これが原動力となって初めて仕事に成功し、素晴らしい人との出会いが実り、夫婦円満の楽しい家庭生活が営まれ、その喜びのエネルギーは必ず周りの人たちに伝わり、その人からまた次の人へと広がっていく。

この喜びの心は、人々の体の免疫力を高めるので病気も寄せつけない健康体が得られる。このような人は人間としての器が大きくなり、職場においても必ず昇進し、社会的地位も自然に上がり、上昇気流に乗った人生となる。

ではそのような意識を身につけるためにはどうしたら良いのかと言えば、それは宇宙のリズムに乗ることである。このリズムは、この世に生を受けた人全てに公平に与えられている。もう少し言葉を換えて言うと、「人間が生まれながらにして誰しもが持っている宇宙プログラムの智慧を意識するための修業を積めば身につく」

となる。この言い方ではさらにわかりにくくなったと言われるような気がするが、第四章でも説明したように、また次の第六章でも説明するが、我々が住んでいるこの宇宙には厳然とした根本原理があって、この原理に基づいて意識統一をすれば、宇宙のリズムに乗ることができて全てがうまく回っていくようになるのである。なぜかと言えば、宇宙がビッグバンによって生まれた時にあらゆることが宇宙プログラムに刷り込まれ、地球に生命が誕生し、今ここに私たち人類が進化してきたのもそのプログラムのせいだからである。例えば、遺伝子の染色体までプログラムに入っているのである。

この天地自然の法則に従って、意識の統一を日々心がけて生きることが幸福の源であり、それによって初めて生命の歓喜を得られるのである。その時、全ての脳波はθ《シータ》波になる。θ波は4~8Hz《ヘルツ》の周波数で、θ波が出ていると直感力が冴え、勘や理解力も高くなった上に、全てに感謝の気持ちが湧く。誰もがこのような意識を持った経験はあると思う。この意識が持続するのは難しく、日常の雑事に追われて、いらいらしたり、怒りを覚えたり、ストレスや緊張をため込むと脳波はβ《ベータ》波となってしまう。13~25Hzの周波数を出すβ波は発生しやすく、人間である以上、常に脳波をθ波に保つことは難しい。しかし、これは訓練によって、あるいは心の持ち方次第で平常心を保つようになれるのである。その方法は釈迦が説いているように苦悩の根源となっている「無明」をとにかく取り除くことである。「無明」とは無知のことで、人間の煩悩の内で最大で、これが元であれこれとトラブルが発生して苦悩が生じている。同じ条件で同じことをしていても、一方のグループは皆で仲良くスムーズに事が運んでいるのに、もう一方のグループでは物事が運ぶどころではなく、互いが反目し合い怒りや恨みを抱いて分裂してしまったりしている例が多いし、こうした経験をお持ちの方も多いだろう。「無明」を除けば全て解決することばかりである。

さて話が横道に逸《そ》れたが、釈迦の教えの「因果則」を変えてしまった大乗仏教は、そのつじつま合わせに「空」の思想まで持ち出して煙に巻いてしまった。これは科学的に見ても整合性がない。「空」の思想を神秘のベールに包み、理解し難いものにしてしまった点は、今後も進化を続ける社会において、矛盾としていずれは改めざるを得なくなるであろう。

今は昔と違って自分たちの真の幸福を追求するためにただ単に仏の救いにすがるという信仰から脱却し、真に人生の幸福を得るための精神的な根拠を追求しようとする姿勢も芽生えてきている。科学的にも納得をしないと心から生きる喜びが湧いてこないというようでもあるから、根拠の薄弱な「空」の思想は輝いて生きる原動力にもならないと思う。

その点、再三言うようであるが、釈迦の「因果則」を変えたことはニュートン力学では説明できなくなって量子力学に変わったように、時流に適応しないと時代の流れに取り残される結果となる。

(2)釈迦の仏教の心髄を知る

経典の説明において駆け足で一気に続けた上に仏教用語がたくさん出てきてわかりにくかったと思うので、今一度まとめておこう（図8「釈迦仏教の構造」二二七ページ参照）。

本書のテーマである「生きる目的」を明らかにするために、釈迦の人生観はどのようなものであったかを知ろうとした。それには膨大な経典の中で一番コンパクトにまとまっていると伝えられている「般若心経」から抽出しようとして解説してきた。

釈迦が目指す人生の目的は「涅槃」に達することであって、この世の一切の苦しみや災いから解放され真の幸福を得ることである。

具体的にどうすれば実現できるのかということを「般若心経」から学びとってき

たが、これを一度に理解することは難しいので幾度も繰り返し吟味していく内に心から理解できるようになると、自然に生きる喜びが湧いてくるようになる。

それは自分の心の持ち方が従来より変化したからだと思う。そうして毎日が楽しくて、以前であれば日常生活のストレスなどで脳波がβ波になって苛立ったり、怒ったり、緊張したり、不安だったりしていたことが、自分の意識が変わると脳波はα《アルファ》波になり、リラックスして今までなら苛立ったりしていたことが、ゆとりを持って冷静に対応できるようになって、気苦労もなくなって、頭が冴えてきて、勘やヒラメキが出るようになる。このような経験は誰でも過去に何度も体験しているはずである。

この体験の有無を、私は年代の違う何人かにも聞いてみるとそんな体験はしたことがないという人は一人もいなかった。皆異口同音にあると答えた。それなら皆が揃って「涅槃」へ行けるはずであるが、皆は揃って何らかの悩みごとがあって、それぞれに苦労が絶えないと言う。

これは私自身も全く同様である。その原因は何かというとα波やθ波になっていてリラックスして頭が冴えていて、良い智慧が次々と出ていても、自分では気づかない内に環境の変化によって良好に保たれていた脳波が変わってしまっているからである。それはほとんどの場合が外部環境からの影響であるが、内部からの影響の場合もある。例えば体調が悪くなったりすると今までの良好な脳波はどこかへ飛んで行ってしまって、β波に変わり不安や悲しみや恐怖心が生まれ、痛みが伴うと怒りまで出てくる。

このような中でもα波やθ波に脳波を保《たも》てる人はかなり精神修養のできた人だと思うが、見習うべき人は現にたくさんいる。本書に登場した人物だけでも、第一章で紹介した上野千里軍医や、第二章で紹介した嶋田会長などのことを思い起こして頂ければ実感してもらえるだろう。恐らく上野軍医は生前において、どんな環境に置かれてもα波やθ波を保つことができる精神修養のできた菩薩のような人だったと信じる。

このような立派な人たちに比べて我々凡人は日常のちょっとしたトラブルで平常心が失われ、せっかく発生できていたα波が急にβ波となってしまうのである。

これが、夏目漱石が言うところの「智に働けば角が立つ。情に棹させば流される。意地を通せば窮屈だ。とかくに人の世は住みにくい」という状態だろう。平均的な庶民は皆このタイプで煩悩に苦しめられている。

般若心経の解説でも述べたように、釈迦は、人は生きている限り、その苦しみで

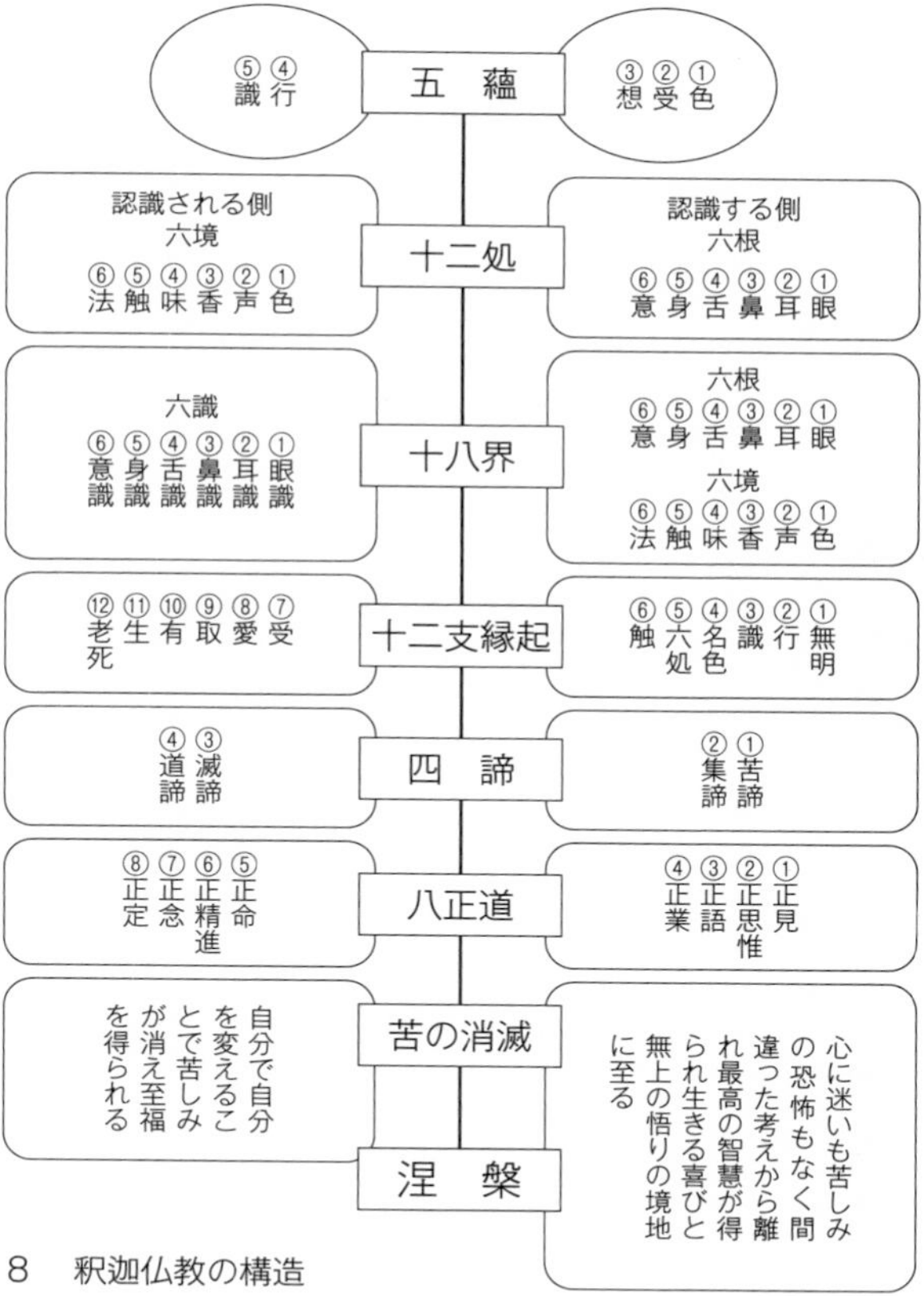
五蘊
①色 ②受 ③想
④行 ⑤識
十二処
認識する側
六根
①眼 ②耳 ③鼻 ④舌 ⑤身 ⑥意
認識される側
六境
①色 ②声 ③香 ④味 ⑤触 ⑥法
十八界
六根
①眼 ②耳 ③鼻 ④舌 ⑤身 ⑥意
六境
①色 ②声 ③香 ④味 ⑤触 ⑥法
六識
①眼識 ②耳識 ③鼻識 ④舌識 ⑤身識 ⑥意識
十二支縁起
①無明 ②行 ③識 ④名色 ⑤六処 ⑥触
⑦受 ⑧愛 ⑨取 ⑩有 ⑪生 ⑫老死
四諦
①苦諦 ②集諦
③滅諦 ④道諦
八正道
①正見 ②正思惟 ③正語 ④正業
⑤正命 ⑥正精進 ⑦正念 ⑧正定
苦の消滅
心に迷いも苦しみの恐怖もなく間違った考えから離れ最高の智慧が得られ生きる喜びと無上の悟りの境地に至る
自分で自分を変えることで苦しみが消え至福を得られる
涅槃

図８　釈迦仏教の構造

悶え続けなければならないと考え、これを「四苦八苦《しくはっく》」と称した。四苦とは生・老・病・死で、これは誰もが等しく受けなければならない基本的な苦であるとした。この四苦の他にさらに四つの苦しみがある。一つは、「愛別離苦《あいべつりく》」で、これは愛する人と別れるという苦しみである。もう一つが「怨憎会苦《おんぞうえく》」で、嫌な人と出会うという苦しみ。三つ目が「求不得苦《ぐふとくく》」で、求めているものが手に入らないという苦しみで、最後に「五蘊盛苦《ごうんじょうく》」がある。これは五蘊が盛んで煩悩が強くなって起こる苦しみである。前の四苦と後の四苦を合わせて四苦八苦となる。

この苦しみを消滅する方法があるのだから、早くこの苦悩を解決して人生真の幸福を得なさいというのが釈迦の仏教である。

大変雑な言い方であるが、私は「般若心経」をひと口で説明しろと言われたとしたら、それは「智慧を使いなさい、そうすれば彼岸（極楽浄土）に渡れますよ」という教えだと思っている。ではその智慧の出し方について復習しておこう。図8に従って説明するが、既に細部について説明済みのものは要点を絞って説明するので、細部がわからない時はもう一度既に述べた解説を読み返して頂きたい。

まず一番上部にある「五蘊」について。我々人間はこの五つの要素の集合体であると釈迦は考えたのである。ここで注意すべきことは「肉体」と「心」の中間に位置するものがあって、それは目や耳などの認識器官である。それらは肉体の一部であるから「色」つまり物質であるが、それを通して外界の情報が心に送られるという意味では心の機能の一部でもある。だから認識器官だけは、肉体と心の両方にまたがって所属していることになる。

人間という存在は、この五つの要素が、ある特定の法則に従って作用し合い、関係し合うことによって存在していると釈迦は考えた。これが「五蘊」である。

次に二段目の「十二処」について。これをひと言で言えば、「この世を認識器官と、認識器官によって認識する対象と認識される対象とに分けた場合の分類」となる。この十二処は世界が構成する基本要素の一覧表である。

次の三段目の「十八界」は「十二処」の応用形である。十二処の内の「意」つまり心を「認識器官」としての「心」と、「その認識器官によって生み出された認識そのもの」に分けて考えて、そのうちの「認識そのもの」を別立てして外に出したのが「十八界」である。

「意」つまり「心」は認識器官と認識そのものという一人二役の活動をするという考えである。別立てした認識とは「十八界」の左側に並べた「六識」である。右側に並べた、「六根」と「六境」と合わせて十八、これが十八界という分類方法である。

釈迦はなぜ「十二処」や「十八界」が世界の構成要素であると考えたのであろうか。

その理由を例を挙げて説明しよう。今、卓上に鉛筆があったとする。これは絶対的に確固たる物体であって実在することを我々は確信できる。しかし、釈迦は、そうは考えない。反対なのである。

絶対的に実在しているのは、目や手がとらえた「型」や「構造」や「機能」のほうであって、鉛筆というものは、それらを心の中で組み上げた架空の集合体にすぎないと考えるのである。だから、この世に実在するのは「眼」「耳」などの認識器官と、「色」「声」などの個別の認識対象と、「心」や「心の作用」といった内側の諸要素だけなのであって、我々は日常そこに実在すると思っているさまざまの対象物は、それらを寄せ集めた架空の存在、実体のない虚像であるというわけである。

真の実在は、「五蘊」「十二処」「十八界」の各項目だけということになる。

これが釈迦の考えた「実在」である。

それから二千五百年後の現代において西田哲学が生まれた。西田幾多郎は『善の研究』の中で「実在」について次のように述べている。

「実在は意識活動であって我々の一生の経験や大きくいえば宇宙の発展に至

るまで実在は相互の関係において成立するもので、宇宙は唯一実在の唯一活動である」

次に図8の上から四段目にある「十二支縁起」について。これは人の心に苦しみが生じるメカニズムを説明したものである。釈迦は、人の人生は「一切皆苦」であると説き、その考えを推し進めて、体系的に組み立て、それを「十二支縁起」として整理した。

人は、「無明」を出発点として十二番目の「老死」の苦悩に悶えることになる。したがって心の修練を繰り返すことで苦悩の根源となっている「無明」をとにかく滅しなさいと指導したのである。それができれば、よからぬ状態も順に消えていって、最後の「老死によって起こる苦悩」も消滅すると説いたのである。

五段目の「四諦」の意味は、経文の説明で述べておいたが、我々の中に苦というものが生まれる理由を分析し、それにどう対処すべきかを説いた「仏教の基本方針」のようなものである。

六段目の「八正道」とは、「煩悩」を消すための具体的な八つの道のことで、この八正道の実践によって、七段目にあるように苦が消滅し、一切の憂いを除くことができて、最高の智慧が得られ最高の悟りの境地になるという教えである。

釈迦仏教の最終目標は、皆が「涅槃」に至ることであり、皆が幸せになることである。八段目にある、「心に迷いも苦しみの恐怖もなく、間違った考えから離れ、最高の智慧が得られ、生きる喜びと無上の悟りの境地に至る」という部分を繰り返し読んでほしい。

これこそが、「生きる目的」探しのために釈迦に登場願った理由である。

本章において、二千五百年前に釈迦が整理した理論を紹介してきた。理論整然として科学的であり、人間がどう生きたら良いか、真に正しい生き方を示してくれている。普遍性を持った思想であるだけに二千五百年を経てもなお輝き続け、我々の行く手を照らし続けてくれている。

第六章
科学から見た「生きる目的」

一　現代科学を超えた世界

現代の科学は、三次元までのことはわかっているが、四次元以上の多次元世界のことは全くわかっていないので、人間の意識体が存在することを認めていない。したがって、死後の世界のことも科学的に解明するということには至っていない。本書に度々登場した「ヒッグス粒子」も一九六四年にはその存在を提唱されていたが、二〇一三年になってようやく科学者は実験によって実在することが確認されたことで、市民権を与えた。

このように科学の世界では科学的に実存が証明されない限り、それを信じないという傾向にある。そのために精神文明は低い状態のままにある。宇宙が二重構造になっているという宇宙の真理や、宇宙の法則があることも認めていない。それが原因となって、人間としての「生きる目的」が明確にならず、正しい生き方ができないから地球人は私を含めて人間性を高めることができないでいる。この人間性というのは、精神文化のレベルとも言えるもので、それが低いが故に自然との不調和を引き起こし、地球環境にさまざまな問題をもたらしている現実が生じるのである。

ご承知のようにルネ・デカルトは、自然（宇宙）を意識の世界と物質の世界に分けた。それ以後、「要素還元主義」の手法と「機械論的世界観」が現代科学を支配してきた。だが、これが現代科学の欠陥であると、アメリカの理論物理学者のデビッド・ボームやイギリスのノーベル物理学賞を受賞したブライアン・ジョセフソンなどによって指摘された。彼らの主張によって、現代科学におけるこうした欠陥が認識されるようになり、科学の変革を主張する「ニューエイジ・サイエンス」運動が始まった。

これからの新しい科学は意識の世界と物質の世界を分けずに一つとして研究すべきであること、意識の世界には「意識体」や「超意識体」が存在するので、これらを取り入れた科学にしなければならないという主張である。彼らが言うように、意識の世界はエネルギーに満ちているのである。

この「ニューエイジ・サイエンス」を主張する科学者たちの主張は正しいのであるが、まだ少数意見の段階であり、残念ながら現代科学を変革するには至っていない。

過去の人類の歴史においても二回のパラダイムシフトがあった。一回目は天動説が誤りであって、地動説が提唱された時である。コペルニクス、ケプラー、ガリレオなどが地球が太陽の周りを回っていることを提唱し、さまざまな科学的実験の結果を受けて地動説へのパラダイムシフトが完成した。二回目はニュートン力学から量子力学への転換である。マクロな領域はニュートン力学で説明できるが、ミクロな領域においてはニュートン力学では説明できない現象が多々発見されるようになった。そこで、デンマークのニールス・ボーアが量子力学を提唱し、新たなパラダイムシフトとなって現在に至っている。

物理の世界の歴史は、世の中の進化とともに時代に合わなくなった時に大きなパラダイムシフトを経験している。現在も過去二回の時のようにデカルトの理論ではもう説明できなくなってきている。宇宙を物質の世界と意識の世界の二つに分けた考え方では通用しなくなってきているのである。

「物」と「心」を分けて考え、三次元までの見える世界と、四次元以上の見えない世界は存在しないとしていたのでは、「物」の世界である物質文明は進化しても、「心」の世界である精神文明は進化しないのである。

二　宇宙コンピューターと因果則

第五章において、釈迦が唱えた「世の中の因果則」というものは厳然たるものであって変えることはできない、だから特別な努力をして自分の心のあり方のほうを変えよう、それによって生きる苦しみに打ち勝っていこうと考えるのが「釈迦仏教」であると述べた。この釈迦の言葉を現代科学から見ると次のように裏付けすることができる。

関英男博士が著した『高次元科学2』（中央アート出版社）によると、宇宙の仕組みは巨大なコンピューター、と考えるとわかりやすいという。この宇宙コンピューターは我々の理解を超えた能力を持っている。ごく単純に説明すると、コンピューターの性能は演算のスピードと記憶容量によって判断することができる。演算のスピードは毎秒何回の演算ができるかで比較される。記憶容量は何ビットの情報が蓄積できるかで性能の高低が決まる。

この宇宙コンピューターは演算速度にして毎秒一兆回くらいが可能で記憶容量は、一チップあたり十億個、立体に換算して一兆個の素子に相当する。ちなみに銀河系の端から端までの距離が十万光年であるから、五次元波で処理できる範囲（百億光年程度）はその十万倍になる。さらに六次元波、七次元波となれば、さらに一兆倍程度のスピードによる処理が可能になってくる。当然、記憶容量のほうもそれに近く想像を絶するほどの大きさになる。

どうすればその存在を知ることができるのかが問題になる。結局、現代科学的な発想による測定方法では無理なことである。そこで重要になってくるのが、宇宙情報システムを利用した宇宙情報の活用である。実際に宇宙情報をキャッチできる人がいるので、そういった人たちからの情報を得るのである。例えば足立育朗氏（一級建築士、後述）のような方である（以上は関英男博士の著書の抜粋）。

釈迦が二千五百年前に「因果則」が存在することを明言し、宇宙の法則性を説き、因果応報は必ずあってその結果はいつ現れるかわからないが、業が発生した瞬間に未来のどこか一コマに予約マークがつけられて結果は必ず実現する。物事がうやむやに終わったり、善い行いをたくさんしたからといってそれが帳消しになるということは絶対にないという厳しい考え方を示した。

これを現代用語で表現すると、宇宙には巨大なコンピューターによる宇宙情報システムが存在し、そこには膨大な量の情報が蓄積されており、何もかもが忘れ去られないようになっているということである。そして、その宇宙情報システムに蓄積された情報をキャッチできる人たちがたくさんいるということである。

そんな非科学的なことと思われる方もおられるかもしれない。かく言う私も当初は信用していなかった。ところが、現実に幾人もの特殊な能力を持った人たちに直接会って体験してみて驚いた。非科学的と思っていた私のほうが随分と遅れた科学の知識しか持ち合わせていなかったと思い知らされて恥ずかしい思いをした。ここでは、関英男博士が例に挙げた、足立育朗氏と妹の足立幸子さま（故人）の事例に絞って話をしよう。

一九九三年の五月に幸子さまの絵の個展があることを聞いた私は、ぜひ絵を一枚分けて頂きたいから、会場が決まれば知らせてほしいと約束しておいた。しかし、五月になっても案内が来ないので、兄の育朗氏に連絡をとった。すると、「妹の幸子は亡くなったので計画していた個展は中止した」と告げられた。その際に、育朗氏は「亡くなった妹は地球人として、肉体を持ってのスタディを終え、役割を終わらせたら自分の星（プレアデス星団のタイゲタ星）へ戻って、より大きな役割をしたいと申しておりましたが、まさにそれを実行してしまったようです。ただ幸子とは毎日交信をしています」と言われた。

世の中には不思議な人たちがいるものだなと思ったが、この足立兄妹は育朗氏が四十五歳ぐらいの時に妹の幸子さまとほぼ同時期に宇宙の全ての現象が波動の組み合わせで成立していることを直感された。育朗氏はそれを科学的（デジタル及びアナログ的）に情報を得て伝えること、一方、妹の幸子さまは波動をキャッチしてアートで表現することを互いに決心してそれぞれの役割をスタートしたそうである。

育朗氏とはある会で一緒のホテルに泊まり、大浴場で湯に入りながら話もさせて頂いたが普通の人と何ら変わりのない、明るくて気さくな人だった。著書の『波動の法則』（ＰＨＰ研究所）において、宇宙の仕組みがどのような状態であるのかを解説され、宇宙の法則の本質に気づいたと述べられていた。

三　現代地球文化のレベルはかなり低い

現在我々の身近で日常発生している現象を、今の地球文化のレベルで見ると説明のつかないことが無数にある。

実例を挙げだすと際限がないが、その中で肉親が体験した事例を一つだけ挙げよう。これも現代の地球文化のレベルでは説明ができないので、私もあまり他人に口外したことはないが、本人の了解を得たので紹介することにした。

それは私の長女のことである。彼女は生まれつき大変健康に恵まれた、活発で明るい娘であった。大学を受験する時、少し無理をしたせいか、試験の少し前になって血尿が出たというので母親はすぐに主治医のところに連れていった。すると主治医から「これは私の手に負えない。大学病院を紹介するからすぐに行きなさい」と言われたので、その足で大学病院に行き、診察してもらった。すると即刻入院という診断が下った。

入学試験の直前であったので、母親は「それはできない。試験が受けられないと、浪人しなければならない」と言ったが、その医師は語気を強めて「大学受験と命とどちらが大事か」と詰め寄ってきた。仕方なく入院準備のため家に帰り、京都にいる姉に相談した。姉は「それは困ったことになったね。治るか治らないかわからないが、私の知り合いに会ってみて」と言う。母親は藁にもすがる思いで娘とともに京都に赴いた。

知り合いとは、「ダディ」という喫茶店の五十歳くらいのマスターだった。不思議なことに店先で一度会っただけで、娘の病は完治してしまったのだ。そして無事、受験することができ、見事合格することができた。

その時「ダディ」へ連れていった母親も膝が痛かったので、ついでに治してもらったが、その後一度も痛くなったことはないし、娘もその後、三人の息子に恵まれ、病気一つしたことがない。治療費はなんとコーヒー一杯程度だったという。それにしても、あの入院騒ぎは何だったのだろう。いまだに理由がわからない。

その後、その喫茶店は難病が治るという評判が高くなって、毎日病人が押し掛けて収拾がつかなくなり、会員制にして入店を制限したそうである。それから数年後、そのマスターは残念なことに亡くなったと聞いたが、貴重な人を失ってしまって残念なことである。

この他にも私が経験した説明できないことがたくさんあるが、それは現代の地球文化のレベルが低いためである。やや長いが足立育朗氏は次のように言っている。

「今の文化は道具を作り出して人間にとって都合のいい便利なものをたくさん研究し、開発して明らかにしてきた。私どもはその恩恵を受けて生活している。しかし、その文化が進んでくる過程で『本質的なもの』は何なのかを研究する姿勢が非常におろそかになってしまった。その結果『人間』にとって都合がよくて、便利なものを研究、開発する形で成り立っている文化にしてしまった。『波動』ということについても、それは全く同じで、本来の『波動』の『本質的なもの』の性質を研究すれば地球の文化はもっとバイタリティーがあって、十分に『本質的』な理解ができるはずである。

現在はある程度まで『波動』の性質を理解しており、その性質の一部を実用化、応用化することで人間にとって非常に都合の良いものを道具として生み出している。日常生活の中にはテレビとかラジオとか電話とか無線とかいう形で体の一部に近いくらいまでのものが現実には行きわたっている。例えば、テレビ、ラジオという道具を開発するにあたっては『波動』の性質の中の電磁波というものが地球でも非常によく理解されている。これは『波動』の一部分を有効に利用する形で生まれてきたのである。

（中略）

要するに現代文化は、宇宙の全ての現象を私たちの五感を基にして理解しようとしている。ところが五感というものも全て波動であり、しかもその周波数は大変低い範囲に限定されている。可視光線といわれる電磁波と磁気波の複合波で、10^{14} Hz〜10^{15} Hzという狭い周波数範囲のみを人間の目はキャッチして映像化し、宇宙の仕組みを理解しようとしている。それ以外の周波数は、ミクロからマクロまで無限大と言えるほど存在しているが、全く感知できない状態である。しかも、現代地球文化では波動の形態は物質波・電磁波・磁気波の3種類のほんの一部しか理解できていないが、宇宙には10の65万乗種類以上の形態が存在し、それぞれ役割が異なっている。同様に、耳で聞ける音声の周波数は、10^2Hz～10^4Hzの範囲くらいでしかなく、これが人間にとって限界であるから、他の動物や昆虫や植物、鉱物が受振・共振している振動波は全く理解できない。さらに宇宙からの情報では、触覚は物質波と磁気波の複合波で、10^5Hz～10^{22}Hzまでが限界である。

いずれにしても宇宙の波動の種類からすると、現代地球文化のレベルは、象の背中の毛一本に触れて『象とはこういう存在物だ！』と述べている段階であることは事実のようだ。身近な例としてスプーン曲げがある。スプーン曲げに使われているエネルギー、あれには物質波・電磁波・磁気波という『波動』の形態以外に、違う『波動』の形態が使われている。

スプーン曲げができる方というのは、本人はその原理に気がついていないが、そのコツを知っているだけである。その『波動』というのは『ギマネ』という『波動』である。『波動』の形態の中にはさまざまな役割があって、このギマネ波というのは非常に大事な役割をしている。クオークから中性子、陽子、電子が生まれているが、その中性子、陽子、電子をクオークに戻す役割をしている波動をギマネ波と言う。
このギマネ波というのは、スプーンが曲がってしまっても、それを続けているとスプーンのその部分を溶かして折ってしまう。銀なら銀、ニッケルならニッケル、あるいはクロムならクロムというものでできているスプーンの一部がクオークのエネルギーに戻される現象が起きてその部分は消滅してしまう。その結果、切れてしまうのである」（足立育朗著『波動の法則』より）
以上は足立育朗氏が身近な事例として取り上げた波動の説明であるが、今の地球の文化で自然界を理解しているのはほんの一部で、多くのものはいまだ理解されていない。それを少しでもわかってもらうために、そのような現象を起こす役割を持った人たちが存在しているわけである。足立兄妹も宇宙情報をキャッチできる貴重な存在の人で、妹の幸子さまには実に不思議な物理現象を体験させてもらったことがある。これも「波動」で発生する現象である。詳しいことは本書のテーマと離れるので割愛させて頂くが、足立兄妹以外にもこのような能力を発揮できる人は私が直接会って体験した人だけでも九人いる。少なくとも地球でやっている方法は、宇宙の仕組みを全て現象としてとらえることで理解しようとする。この方法では人間にとって都合の良い文化を築いてきたものの自然との調和はできていない。

　地球でやっている方法は「波動」で理解していないのである。そうして「波動」にはどういう役割があり、どういう種類があるのか、また、あらゆる現象がその波動の組み合わせによって複合波となり、結果を生じていることにも気づいていない。

　とにかく、現代科学は宇宙を「見える世界」と「見えない世界」の二重構造に分けて、見える世界は認知するが見えない世界は認知しない（二四九ページ、図9「二重構造の宇宙」参照）。そして、見える世界を三次元として認識しているが、見えない世界は全く認知していない。では、見える世界と見えない世界の境界線はどこかというと、10^{-20}センチメートルの線である。だが、今のところこの境界線にまで達していない。現在は、10^{-18}センチメートルまでは確認できている。四次元以上の多次元の見えない世界を解明しようとして第四章で述べた、「ＳＳＣ」の計画となったのであるが、今は欧州合同原子核研究機構（ＣＥＲＮ）が三次元以上の多次元の見えない世界の解明を急いでいるのである。なぜ多額の投資をして多次元の世界を解明しようとしているのであろうか。それは現代地球文化ではとても及びもつかない智慧が充満しているからである。

　宇宙には、アカシックレコーダーという巨大なコンピューターのようなものがあって、そこに宇宙プログラムが組み込まれている。そうして厳然たる宇宙の法則が守られているのである。

釈迦は二千五百年前に苦労して、このことを見つけて、それを「因果則」とした。前述したように、「悪いことをすれば「悪業」が生まれ、善いことをすると「善業」が生まれる。そうしてこの業が発生した瞬間にアカシックレコーダーに記録されて、結果は必ずその報いを運んでくるが、いつ結果が現れるかわからない。次に生まれ変わった時かもしれない。このようにして、物事がうやむやに終わることは絶対にないし、悪事を働いたけれど、反省して善い行いをたくさんしても、帳消しになることはないという厳しい法則である。

このように、因果則は厳然たるもので変えることができないのだから、自分の心のあり方のほうを変えて、それによって生きる苦しみに打ち勝っていこうというのが釈迦の仏教である。

釈迦は「輪廻転生」が存在すると言っている。これは多次元の世界のことである。現代の科学は四次元以上は測定できていないので認めていない。これは科学的測定手段で検知できないだけであって、この欠陥科学のレベルが徐々に上がってくると宇宙の真理や、宇宙の法則の存在もわかってくるだろう。その結果として、多次元世界には「意識体」や「超意識体」が存在することを認めざるを得なくなる。そうなると科学において臨死体験や前世記憶や幽体離脱などの研究が行われるようになると、科学的なデータから霊魂の存在を認めざるを得なくなる。

十年ほど前（平成二十五年五月十三日）、朝日新聞の朝刊にも「宇宙と素粒子のなぞ解く〝暗黒物質〟」という見出しで、前述のジュネーブにある「ＣＥＲＮ」で人工的に暗黒物質を作り出し、この謎の物体を解明する実験において新しい物理現象を

図９　二重構造の宇宙

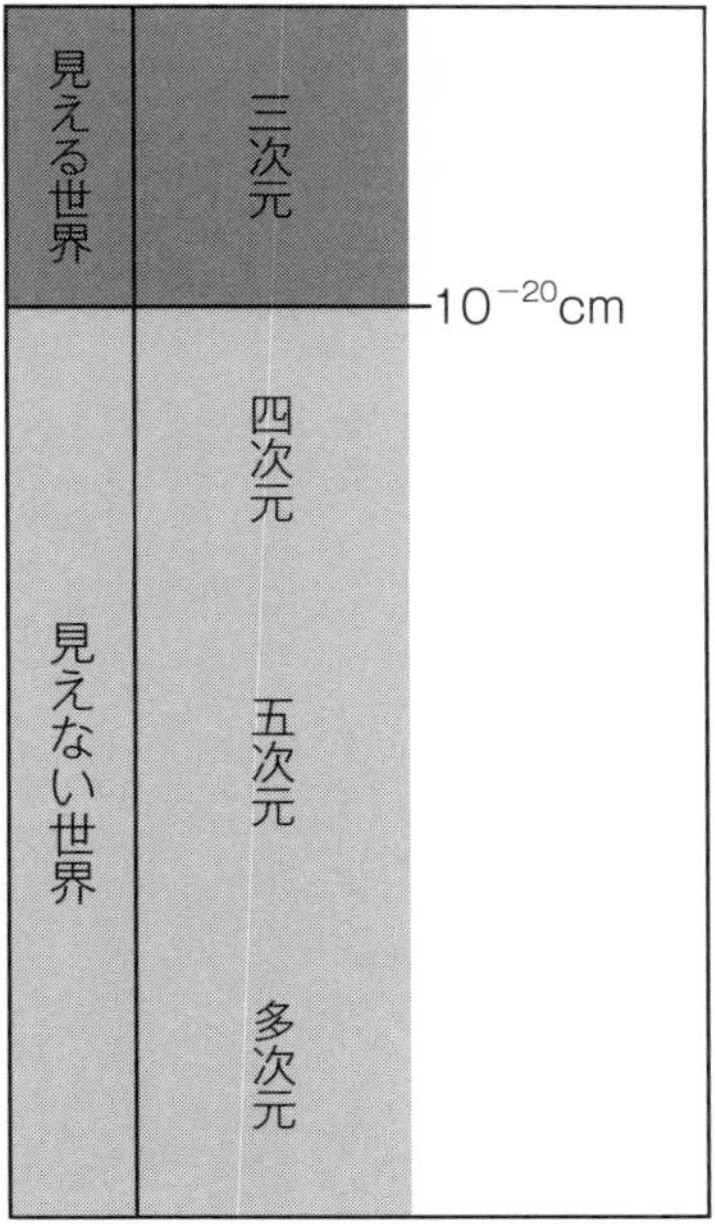

四次元と五次元あるいは
それ以上の次元の境界は
解明されていない。

観測できたという記事が掲載されていた。また同紙の五月五日付朝刊の社説においては「宇宙は謎に満ちている」というテーマと「暗黒物質」というサブテーマを掲げて、次のような記事が掲載されていた（以下抜粋）。

「……最近の観測では、宇宙のなかで、原子や分子といった既存の物質は、全体のわずか4％を占めるにすぎない。二十三％が暗黒物質で、残り七十三％は暗黒エネルギーと見積もられている。

私たちが今までに見たつもりになっていた宇宙は4％の宇宙でしかなかったらしいのだ……」

このように宇宙に存在するエネルギーをマスコミも取り上げだした。

現在の欠陥科学がレベルアップして人間の二重構造や、宇宙の真理や宇宙法則の存在があることを知ると地球人の人間性が高くなり、人間としての「生きる目的」を自覚するようになる。「生きる目的」を知らないから〝生まれてきて良かった〟という生命の歓喜が湧き出してこないのである。

宇宙の根本原理を知って、その原理に基づく意識統一をすれば、宇宙のリズムに乗ることができて、生き生きと暮らすことができる。反対に法則に反した場合には、免疫力が落ちてしまい、病気になったりするなどのように、都合の悪いことが起きたりする。自然との不調和による環境破壊は地球を取り返しのつかない状態にまで追い込んでいる。これは宇宙の法則を知らないか、知っていても守らないことによる宇宙からの「因果則」による罰であると思う。

人間は生まれながらにして誰もが持っている宇宙プログラムの智慧を意識する修業を積んでいけば、人間完成ができて、人生を最高のものにできるように、宇宙プログラムによって必要な全ての力を与えられているのである。

人間はこの世で幸福な人生を楽しむ義務がある。なぜなら、それが人間の生命に与えられた生きる意味であるからである。だから、生きている間に人間完成を成し遂げることを目指して幸福になる努力をすべきである。

そうして喜びに満ちあふれた人生を送ることができれば、その喜びのエネルギーはまず家庭内に伝わり、人から人へと広がり、さらに地域社会へ広がっていく。これが人々の幸福の原動力になっていくのである。

我々が生きている究極の理由はここにある。

だから我々は幸せになる義務がある。

四　宇宙の原理に反する「原発」を全廃すべし

私の生まれ故郷は愛媛県で「伊方」に原発を設置する前から反対で、原発に代わるエネルギー源としてのクリーンエネルギーが多種ある中でも、放射能が無く原料は多量にある「トリウム溶融塩炉」を提唱し続けてきた。

私は原発反対運動家ではない。現在は大阪在住であるが、もし原発事故が発生すると郷里に帰ることもできなくなり、瀬戸内海は全滅になるばかりか、山口、広島、岡山の各県も甚大な被害を受けることになる。

大阪にいる我々が心配しているのに、地元の人たちは原発の導入に賛成しているのである。

それはなぜかというと電力会社から交付金や補助金が入るし、雇用は増えるし、政治家は票につながるから、放射能で子や孫が影響を受けることなど考えず、今自分たちだけが良ければ良いと簡単に受け入れてしまうのである。

その交付金や補助金は電力会社が支払うのではなく、皆の税金から支払われているので、火力（LNG）や水力に比べ発電コストは一番高い。その上廃炉するとなると気の遠くなるような年数と費用がかかる（詳細は長くなるので割愛）。私は各省庁や国会議員に単独で交渉を行うことを常としているが、経済産業省がなぜ原発を推進したがっているのか？　その理由がわかった。

それは経済産業省から電力会社に天下りした人たちが電力会社の幹部になっているからである。

官民共に自分さえ良ければ他はどうなっても良いという我欲の亡者だから交渉には骨が折れる。

その上私は、地元の人たちからは「余計なことをしてくれるな」と非難を受けている。

私はそんなことには負けない。

それはバブル崩壊のときのパターンと同じことが再び発生しているからである。

三十数年前に大臣に陳述し、経済産業省の幹部と会議室で三時間激論を交わしたが、誰も私の意見に反論できなかった。しかるにその後も彼らは経済政策を変えようとしなかった。

納得しても実行できないのは、与党の政策に反対すると官僚は窓際になるし、政治家は党の公認は取り消され選挙資金は出なくなるからである。

その党の方針が間違っていると思っても反論できないのである。

その上、経済政策そのものは自分たち官僚自身が作ったものであるから軽々しく変更できないのだと思う。

こういった組織上の欠陥のために一千兆円をドブに捨ててしまって銀行や証券会社や多くの会社が倒産し、多くの自殺者が出たが、政治家や官僚は誰一人責任を取った者はいなかった。

前回はバブルの崩壊であったが、今回は原発で同じことが繰り返されようとしている。前回と少し違うのは、原発に反対する人たちがいるということである。

今、当時のことを振り返ってみても世間には偉い学者や評論家がいるのに、誰一人行政や政治家に対して日本の危機に警告を発することなく、好景気にうかれていたのかと思うと、世の中案外頼りないものだと思った。

当時私は大阪から手弁当で一年かけて霞が関通いして与野党の議員会館の国会議員を説得して回った。

その苦い経験があるので、再び同じような大損失を被らないよう、次世代の人たちのために原発の廃炉は命懸けで戦う心算でいる。

これが釈迦が説いている「無明」を脱して苦悩の根源を取り除き、幸せな社会を創ることになると思うからである。

参考文献・資料

『マズローの心理学』（フランク・ゴーブル著、小口忠彦訳、産業能率大学出版部、一九七二年）
『生きる意味への問い――V・E・フランクルをめぐって』（山田邦男著、株式会社佼正出版社、一九九九年）
『夜と霧（新版）』（ヴィクトール・E・フランクル著、池田香代子訳、株式会社みすず書房、二〇〇二年）
『現代人の病―心理療法と実存哲学』（ヴィクトール・E・フランクル著、高島博・長沢順治訳、丸善株式会社、一九七二年）
『善の研究・思索と体験』西田幾多郎全集　第一巻（西田幾多郎著、株式会社岩波書店、一九六五年）
『般若心経を読む』（田原亮演著、真言律宗観音寺、二〇〇三年）
『NHK「100分de名著」ブックス　般若心経』（佐々木閑著、NHK出版、二〇一四年）
『地球を救う21世紀の超技術』（深野一幸著、廣済堂出版、一九九四年）
『高次元科学2』（関英男著、中央アート出版社、一九九六年）

『波動の法則』（足立育朗著、ＰＨＰ研究所、一九九五年）
『場の思想』（清水博著、東京大学出版会、二〇〇三年）
『究極の問題解決学　ビジネスマンの頭脳開発』（中山正和著、株式会社佼正出版社、一九八七年）
「いじめ、担任ら認識」（朝日新聞、二〇一三年一月三〇日朝刊）
「いじめ　自殺の直接要因」（朝日新聞、二〇一三年二月一日朝刊）
「いじめ兆候　気づいて」（朝日新聞、二〇一二年十二月二十八日朝刊）

あとがき

「生きる目的」を追求してみて、それぞれ違った立場の人たちには、それぞれに「生きる目的」があることが理解できるようになった。その生きる目的を煮つめていくと共通点があり、結局最後は一つのものにまとまってくる、ということもわかった。

第一章に挙げたのはマズローの欲求の段階から見た「生きる目的」であった。五段階の欲求の内、最高次元の欲求である「自己実現」を達成するために「人格の完成」を目指そうとする。もともと人間は宇宙プログラムによって「人格の完成」に必要な全ての力は与えられていて幸福な人生を楽しむ義務がある。なぜならそれが人間の生命に与えられた生きる意味だからである。そうして生命の歓喜に満ちた人生を送ることによってそのエネルギーは人々の幸福の原動力になって広がっていく。

第二章ではフランクルの強制収容所体験から見た「生きる目的」を取り上げた。

誰しも、人生に三つの価値があって、そこに生きる意味がある。アウシュヴィッツのガス室送りになる運命の人々にも生きる意味があるという。収容所内の病室で死期の近い女性は死を前にして実に晴れやかで最期の数日間は内面性を深めていって、本人は自覚していなかったかもしれないが、最後に残した会話から推測できることは、彼女の心境は宇宙プログラムの智慧を受け取ることができたのではないかということだった。彼女は死の直前まで自分に与えられている人間完成のために必要な全ての力を出し切ったのではないかと思う。

第三章のいじめ問題から見た「生きる目的」では、いじめ行為は学校にかかわらず、実社会のあらゆる分野に存在していることをお伝えした。まだ人間関係などの経験が浅い若者にとって、いじめによって受ける精神的圧迫感は死と隣り合わせになるので、まずはその窮状を救うことが必要であると述べた。

そしてそれには、いち早くサインに気づき、安全圏内に脱出させてから、「生きる目的」などの人生勉強をさせるべきであると論じた。実社会には学校生活では経験できないほどのさらに大きな苦難があることから、それに負けない強靭な精神力と、人格と智慧を身につけさせるべきであるとも述べた。ものの道理を理解できる年頃になって、「生きる目的」の本当の意味がわかってくると、「いじめ」で自らの命を絶つことの愚かさに気づくはずである。

自殺を考える者の心理として心の移り変わりがあると思う。初期は自分が自殺をすれば彼らはあざけり笑うだろうと考える。なぜ彼らのなぐさみものになって死ななければならないのか、自分の不甲斐なさに、悔しくて胸が張り裂ける思いになる。

両親は命に代えてでも自分のことを守って育ててくれた。自分を一番愛してくれている親に対しても、もし自殺するようなことをすれば申し訳がないという考えが働いている。いくら詫びようとも自殺してからではどうにもならない不孝の最たるものであると考えることもできるだろう。

しかし、こうしたブレーキがかかっているのは初期のことであって、中期になると度重なるいじめがエスカレートしてきて、我慢の限界を越える。そうなると、異常心理になってくる。まともな理屈など通用しなくなってしまい、夢遊病者のようになって一刻も早くこの苦しみから逃れたいという思いが募り、衝動的に死への道を急ぐようになる。だから、まず窮状に気づき、そのような状態から緊急救出をすることが重要になってくるのである、ということを説明した。

第四章では西田哲学から見た「生きる目的」について述べた。哲学の中でも難解と言われる西田の理論を、物理や釈迦の仏教までを引き合いに出して説明した。結論は「宇宙の根本原理に基づく意識統一」をすることによって宇宙本体と融合し神意と冥合するということだった。

第五章では、第四章で引き合いに出した釈迦の仏教を細かく分析し、釈迦仏教から見た「生きる目的」について考えようとした。釈迦の仏教の基本的な理念のいくつかを否定した大乗仏教の「般若心経」の解釈は釈迦の教えに反するものであり、自然科学の見地からも整合性がなく、世の中が進化するとパラダイムシフトせざるを得なくなるように、本来の釈迦の教えに戻らざるを得なくなるだろうということを述べた。

そうなると、釈迦の説の通り、この世の「因果則」は変えることはできないのであるから、自分の心のあり方のほうを変えるべきであるという結論が導き出せる。生きる苦しみに打ち勝つには、煩悩を消すことによって業のパワーを消して「輪廻」を止めることで、静寂の境地である「涅槃」を目指すことが真の幸福へと向かう道であるという釈迦の論理は、非常にわかりやすい。これは科学的にも整合性があり天地自然の理にも則している。

第六章においては、科学から見た「生きる目的」について考察した。現代科学は宇宙を見える世界と見えない世界の二つに分けてしまい、見えない世界は一切認知しないという欠点を指摘した。例えば、電気がついていない暗い部屋に物がいっぱい置いてあったとしても、暗いのでそれが見えなければ、無一物として一切の物の存在は認知できない。その見える世界と見えない世界の境界線は、10^{-20}センチメートルで、現在は、10^{-18}センチメートルの線のところまでしか認知されていない。有名な「CERN」などが莫大な費用をかけて研究しているが、境界線を突破するためにはまだまだ先が遠い。

第六章でも述べたように宇宙を意識の世界と物質の世界に分けたのはデカルトであるが、この欠陥科学が現代を支配している。しかし、この欠陥を指摘したニューエイジ・サイエンス運動は、意識と物質を分けずに一つとして研究すべきであると主張している。この運動では、意識の世界はエネルギーに満ちていて「意識体」や「超意識体」の活用をすることも提唱している。そうなれば、地球文化のレベルは急速に上昇する。そうなると宇宙の真実がわかり、多次元の世界が明確に存在することが理解できるようになるだろうし、やがては全ての人々の意識が根本的に変わり、「来世」が存在することが実感できるようになるかもしれないし、人生観も変わり精神性も高くなるだろう。

それぞれの共通点をまとめてみると、天地自然の理に従うことが人間の幸せにつながることであり。現実の苦悩も全て宇宙の根本原理に反することによるものである。

もし現世に釈迦がいたとすれば、今の状況を見て、早く「無明」から脱出せよ、いつまで苦しめばわかるのか、と警告を発せられたと思う。

しかし、このような釈迦にも人間的な一面がある。京都のある著名な寺院の高僧から聞いた話を最後に紹介しよう。

ある日のこと弟子の阿難が釈迦に次のように尋ねた。

「人間にとって一番大切なことは何ですか?」

すると釈迦は即座に、

「阿難よそれは食うことである」

と答え、そのあと続いて、

「阿難よ食うことが大事だけれども食うためには三つのことが大切だ、その三つの内の一つは『鳥相《チヨオソオ》』であってはならない、二つ目は『獣相《ジユウソオ》』であってはならない、三つ目は『蛇相《チユウソオ》』であってはならない」

と諭したそうである。

私はこれを現代に当てはめて考えてみた。まず食うことが大切だと言ったのは、自分の職業を通じて地域社会に貢献し、その結果として地域の皆様にその職業の存在価値を認めてもらって初めて生業としての生活、即ち食べることができるということであろう。これが大切だと諭されたのだと思う。

ちなみに「鳥相《チヨオソオ》」というのは鳥が餌を食べるように食いちらすことであり、「獣相《ヂユウソオ》」というのは獣のように奪い合って食べることであり、「蛇相《チユウソオ》」というのは蛇のように丸飲みにして食べることである。

釈迦が阿難に諭したこの教えは、現実を見据え大地にしっかりと足をつけた教えであり、現代にも通用する哲理であると思う。以前発生したバブル崩壊の時のことを振り返ってみても、我先にと奪い合うようにして自分たちの欲望に執着した企業や、金融機関は咀嚼《そしやく》をしないで獲物を丸飲みした蛇のようであった。バブル崩壊によって一千兆円を超える損失を被り倒産した企業も多い。それは欲望に執着したからであって、野放図な融資をした金融機関も猛省すべきである。

釈迦は阿難に一番大事なことは食うことであると答え、欲望を捨てよとは言っていない。これが大切な点であると思う。皆が欲望を捨ててしまったら、世の中の進歩は止まってしまう。ただ、欲望に執着するなと諭しているのである。

要は皆が幸福に生きることができれば、それが「生きる目的」である。

二〇一四年二月末日

河上英夫

※本書は２０１４年に小社から刊行された単行本を文庫化し、改訂したものです。

〈著者紹介〉
河上英夫（かわかみ ひでお）
1929年、愛媛県今治市出身。大阪在住。
高松経済専門学校（現香川大学経済学部）卒。
元大阪商工会議所二号議員。
元全国同業組合連合会会長。
元大阪東ロータリークラブ会長。
著書に『句集 白い虹』がある。

［改訂版《かいていばん》］生《い》きる目的《もくてき》
幸《しあわ》せプログラムを呼《よ》び覚《さ》ます６つの授業《じゅぎょう》

2024年4月3日　第1刷発行

著　者　　河上英夫
発行人　　久保田貴幸

発行元　　株式会社 幻冬舎メディアコンサルティング
〒151-0051　東京都渋谷区千駄ヶ谷4-9-7
電話　03-5411-6440（編集）

発売元　　株式会社 幻冬舎
〒151-0051　東京都渋谷区千駄ヶ谷4-9-7
電話　03-5411-6222（営業）

印刷・製本　シナジーコミュニケーションズ株式会社
装　丁　　柴田淳デザイン室

検印廃止

ISBN 978-4-344-69039-4　C0095
幻冬舎メディアコンサルティングＨＰ
https://www.gentosha-mc.com/